上野千鶴子

女という快楽

【新装版】

勁草書房

新装版へのまえがき

本書の初版は一九八六年。収録された原稿はそれより以前に書かれた。それから二〇年。読者のあなたは、ここに書かれた内容を、古いと感じるだろうか？　それとも今でも通用するとお感じだろうか？

二〇年も前の著作を再刊するのは、昔の古証文をつきつけられるのに似ている。おまえはとっくに忘れているだろうが、ここにたしかにこう書いている、これはおまえの手跡だろう？　と。このうちの一部は、古びているだろうし、このうちの一部はまちがってさえいる。あとになって間違いを訂正したこともある。今だったら、こうは書かないだろうと思うところもあるし、予測がはずれたこともあれば、あたったこともある。もしこのなかに書かれたことの一部が、今でも通用するとしたら、それはわたしの予見能力のせいばかりではなく、時代がそんなに変化しなかったせいかもしれない。

わたし自身が変化したことも含めて、本書を全面的に書きなおしたい誘惑に駆られるが、二〇年経った文書は、もはや歴史に属し、それに手を加える権利は、著者にもないように思われる。したがって今日の読者に誤解を招かないよう、初出に最小限の訂正を付け加える程度の変更にとどめて、刊行することにした(1)。だが、それに対して、あと智恵を加えることぐらいは許されるだろう。以下はあとの祭りの自作自解である。

*

わたしは女性学の研究者としては、主婦研究から出発した。それ以前にすでにわたしは理論社会学の研究者としてデビューしていたが(2)、まだ女性学という学問がこの世に登場してさえおらず、その学問で研究者として立っていけるとは誰も思っていなかった時代のことである。本書の中心をなす第Ⅱ部の4章と5章は上野編『主婦論争を読む・全資料』Ⅰ・Ⅱ巻(勁草書房、一九八二年)のそれぞれ解説として書かれたものである。わたしが「処女喪失作」を刊行したのは八二年。カッパ・サイエンスから『セクシィ・ギャルの大研究』(光文社、一九八二年)という恥ずかしいタイトルの本を出したが(3)、同年に勁草書房からこの二巻にわたる地味な資料集を出したことはあまり知られていない。この両方の書物はいずれも、わたしが所属していた京都に拠点をおく日本女性学研究会(4)の研究プロジェクトの産物である。

今でこそ、主婦研究や家事労働論は研究の主題として市民権を得ているが、当時は主婦研究なんて、という雰囲気があった。主婦を研究主題にすること自体が研究史の上ではあたらしく、それは女性学が登場したあとにあらたに設定された問いだった(5)。主婦研究は手をつけてみると奥が深く、のちに「主婦ってなあーに」「何する人?・」の問いは、家事労働論から不払い労働論へとつながった。九〇年に刊行した『家父長制と資本制』(岩波書店、一九九〇年)は、三次にわたる主婦論争に対して、私なりに理論的な答を出したものである。

本書を読めば、今日「家族破壊者」として攻撃を受けているフェミニズムが、すこしもそうでないことに読者は驚くかもしれない。わたしは家族の解体を予見したことはないし、期待もしていない。社会学だけでなく人類学をも勉強したことは、わたしに文字で書かれた歴史よりも少し長いタイムスパンでものを見ることを教えた。そうなれば、人間の社会で家族を持たない社会は存在しないし、人類史の上で家族がなくなることも予想しにくい。家族とは何か、は一義的に決められないだけでなく、歴史と社会に応じてさまざまなかたちをとる。とすれば、どんな家族がまもるに値し、どんな家族が解体したほうがよいのか、が問題となる。ひととひととのつながりが血縁に限定されなくとも、どんなものであれ、個別性と持続性を持ったつながり(「家族(のような)」と呼ばれてきた)があることは、個人がむきだしで国家にさらされるよりは、とりわけ弱者にとってずっとよい、という考えに、今でも変わりはない。

Ⅱ部の6章から8章までの論考は、主婦研究から派生したものである。ひとはなぜ主婦になるのか? 「ケアする性」(たまたま「母性」とも呼ばれる)を引き受けるからである、と今なら答えるだろう(6)。子ども、病人、障害者、高齢者など、依存的な他者をかかえこんだときに、ほとんどありとあらゆる「おんなの問題」と呼ばれるものが発生する。それさえなければ、シングルの女の暮らし方は、シングルの男の暮らし方とたいした違いはない。裏返しにいえば、子ども、病人、障害者、高齢者など、依存的な他者をかかえこんだうえで、妻や母という名前の女にその責任をおしつけることができなければ、男もまた「ケアする性」のありとあらゆる問題を、べつな仕方でかかえこむことになる。この章で使われた「種としての解放」という用語に違和感を持たれた読者もいると思うが、今ならそれを「再生産問題」と言い換えることだろう。ひとはひとりではなく、ひとりでは生きておらず、他のひとから生まれ、他のひとを産んで、生命をつないでいく……そのことが自明でも自然でもなく、社会が解を与えるべき「問題」であることは、フェミニズムが登場してはじめて「問題」として立てられた。少子化がこれほど進行した今日、再生産が自明ではないことはますます痛感されているはずだ。少子化の水準はわたしの想定を越えたが、こんな世の中で子どもを産みつづけている日本の女の方がふしぎだ、このままでは子どもを産まない／産めない女が増えるだろう……という、わたしの予測は不幸にもあたった。

＊

本書の冒頭におかれたⅠ部第1章の「対幻想論」に、読者はとまどいを覚えるかもしれない。この章を含めて、Ⅰ部は、異性愛の・女の・セクシュアリティを探求する試みとなっている。異性愛主義の社会でわたしのセクシュアリティは自由ではありえない。（だからといって同性愛者が自由だとも思えない。）今から読み直せば、対幻想論は、近代家族のロマンチックラブ・イデオロギーのみごとな対応物となっており、「恋愛」という格闘の場にしか自我を見いだすことのできなかったフェミニズムの歴史をたどりなおすような試みと読める。読者は八〇年代になってこのような恋愛論が書かれたことに、歴史的な感慨を覚えるかもしれない。吉本隆明の『共同幻想論』（河出書房新社、一九六八年）に当時わたしが持っていた直観的な疑問、対幻想は歴史貫通的な概念ではなく、近代社会の産物ではないのか？　は、その後「恋愛の社会史」の探求をつうじて答が与えられた(7)。しかり、対幻想は、そしてそれを生みだした恋愛という観念は、近代の（そしてそのうえ男の）産物である。そして、それがわかったからといって、その観念からひとが自由になるわけではない。時代の落とし子であるわたしもまた、その時代の観念を生き抜くことによってしか、それを通過することができなかった。通過した、と過去形で言おう。恥としてではなく、誇りとして。男と女は関係的カテゴリーだが、その関係的カテゴリーを離れても女は自足できるし、ひとは性的でありうる。それは歴史被拘束的な存在である個人が、ただ経験によってのみ到達できるような発見だった、と今なら言える。そしてセクシュアリティの社会史的な変化が、個人の寿命よりも短い期間に急激に起きた歴史的な過渡期に、おんなの生身をもって生殖可能な年齢を過ごした偶然を、えがたい幸運だと思うことにしたい。そしてその時期のゆらぎがそのまま文章にあらわれていることを、わたしの生きた記録としたい。

1章には、その後ホモセクシュアルへの「差別発言」として物議をかもした一文（「（私は……）ホモセクシュアルを『差別』する。」本書一二三頁）がある。自分の冒したまちがいの記録のために、この一文をわたしは削除せずにそのまま残すことを選んだが、それは逆にこの二〇年間に「同性愛」をめぐる理解がかくだんにすすんだこと、それにわたし自身も大きな影響を受けたことの証拠ともなる。のちに『実践するセクシュアリティ』（風間孝他編、動くゲイとレズビアンの会、一九九八年）に収録した「ゲイとフェミニズムの対話」のなかで、わたしは自分の誤りを認め、自己批判した。

この文が書かれたのは、ゲイやレズビアンのカミングアウトが公然化する以前、同性愛者についての理解が、三島由紀夫や美輪明宏のようなメディア有名人を通じてしかもたらされない時代のことだった。一九八五年になってから、イヴ・K・セジウィックが『男同士の絆』（原著、一九八五年。上原早苗他訳、名古屋大学出版会、二〇〇一年）で「ホモソーシャル」と「ホモセクシュアル」の概念を区別したとき、わたしははじめて、自分がにくんでいたものが「ホモソーシャル」であって、「ホモセクシュアル」ではないことが理解できたのだ。そしてこの概念上の区別を通じて、「同性愛的」と言われるナチズムが、なぜ実際には同性愛者を排撃したかという謎が解けた(8)。わたしが「差別」したのは、同質連帯であるファシズムであり、「ホモセクシュアル」はその「メタフォア」であったこと、だからこそ差別にカッコをつけて「『差別』する」と記述したこと……が思い起こされる。昔も今も、わたしは同化を強要するファシズムがキライだ、という同じひとつの唄をうたっていることになる。

ホモソーシャル（同質社会的、とでも訳すべきか）な男同士の連帯には、必ずミソジニー（女性嫌悪）が伴う。女の他者化抜きには、男の集団的アイデンティティの形成はなりたたない。なぜならば「女とちがってオレたちは……」という排除と差別をともなう集団的同一化、つまり「女でない者」としてしか「男」は定義できないからだ。そのとき、男のなかにあるホモエロティシズム（同性愛性向）が、「女のような男」に対する差別と共に、抑圧され排除される。ホモソーシャルな連帯には、同性愛差別と女性嫌悪がつきものである。このからくりを、セジウィックはこれ以上ない明断なしかたであばいた。

わたしは今では、ホモエロティシズムがたんなる同質志向だという単純な理解をしていないし、たとえ同性であっても互いに他者である二者間の性愛を含む「関係」が、異性愛という文化モデルを欠いたぶんだけ、困難でかつ挑戦的であることをも知っている。それは多くの同性愛者たちが、自らの経験を語ってくれたおかげだ。だが同時に、わたしはわたしがにくんだものが、女性嫌悪的な男同士の連帯であることを、もっとはっきりわかっている。そしてそれを再生産する言説である限り、三島や美輪に対するわたしの批判に、今日でも変更の必要を認めない。その問いは、ミソジニー、すなわち女の他者化を欠いて、男が男としてアイデンティティを獲得できるかどうか、という問いとつながっているはずだ。

＊

Ⅲ部9−12章には、家族、企業、国家をめぐる思考実験が論じられている。今日の議論の水準から見れば、概念や理論の装置がないところで、どんなに手探りの議論が積み重ねられてきているか、読者には迂遠に感じられるかもしれない。それは、見通しのよい地平に立ったときに初めて見える限界であり、批判は後から来た者の特権である。二〇年という歴史的な時間は、家族も企業も、国家をも変えた。近代家族は急速な変貌を遂げようとしているし、企業は八〇年代のように家族をまるがかえしようとはしていない。国家という分配ゲームから、女が一方的に排除された時代は終わり、小泉チルドレンのような一部のエリート女性たちは、権力という資源の分配へと招待されている。いまや組織化された国家暴力という資源の分配にまで、女はアクセスを持っている。女も軍隊にはいって男なみに闘える……この悪夢のような「平等」が目の前の現実となった今日、「あらゆる分野への男女の共同参画」、はては軍隊への男女共同参画がフェミニズムのゴールだったのか？　この困惑が、二〇〇六年になってわたしに『生き延びるための思想』（岩波書店）を書かせた(9)。

Ⅳ部の13章「おんな並みでどこがわるい」を読めば、わたしの立ち位置が、女のおとこ並み化にないこと、その点では一貫してわたしの立場にぶれがないことを了解していただけることだろう。だが、そのための処方箋が見通しの甘いものだったことは認めざるをえない。男が変わる、ことはたんに気持ちの持ち方やライフスタイルの変化を意味するのではなく、女が構造的・組織的に敗者となるような社会のルールをつくりかえるという、息の長いとりくみであることを、当時はじゅうぶんに自覚していたとは言えない。とりわけ、男仕立ての社会が、女を分断して、その利益の分配に与ることのできる女とそうでない女とに両極化していく狡知に立ち向かうには、もっと分析が、もっと理論が、もっと戦略が必要だ。ネオリベラリズムが男だけでなく女も、勝ち組と負け組とに分断していっているように見える今日、フェミニズムのリベラリズムに対する批判は、ますます切実になってきている。わたしたちの智恵はまだまだじゅうぶんとは言えないのである。

八〇年代。「女の時代」ともてはやされ、日本経済がバブル景気に向かう時期に書かれた文章にしては、本書に述べられた主張は、どれもそれほど楽観的ではないし、またそれほど明快な解を提示したものでもないことに、改めて気がつく。むしろ、ひとつの歴史的な変化が功罪両方の側面を持つことや、ひとつの社会集団にとって有利な変化が他の社会集団にとっては不利なこともある場合についての、目配りの周到さは、論旨の明快さをさまたげてさえいる。ある文化的特徴が女性に有利にも不利にもはたらく両義性は、わたしを文化相対主義にみちびいたし、同じ論理構造をもった主張が、現状維持のためにも現状変革のためにも動員される両義性にも、わたしは自覚的だった。わたしは単純なアメリカ崇拝主義者ではないし、かといって日本文化論者でもない。共同体主義には批判的だが、個人主義の限界をもわきまえている。だから本書でのわたしの見解が、含みと留保の多い歯切れの悪いものになっていると感じて、いらだつ読者もいるかもしれない。

*

弁解はこのへんにしておこう。あとは歴史的な文書として本書を読み解いてもらうだけだ。批判は甘んじて受けるが、それにはこれ以降のわたし自身の成長や変化も参照してもらいたい。ひとは歴史のある時点で凍結してはいないからだ。初版の「はじめに」にも書いたが、「わたしは時代の稀有な転換点を、私の思索の歩みとともに生きるという幸運を持った。」その気持ちには、今も変わりがない。二〇代に第二波フェミニズムという大きな波を浴び、その波のうねりをみずからも生みだす立場に立った。わたしは女に生まれたことを後悔していないし、男の人生を羨ましいとおもったこともない。こんなに女にとって変化の激しいおもしろい時代を、おんなの肉体と感性をもって生きてこれたことを、今さらのように幸運だと感じる。

そしてその歩みをわたしとともに伴走してくださった勁草書房の編集者、町田民世子さんに、あらためてお礼を言いたいと思う。本は書き手だけによってつくられるのではない。書き手を見いだし、辛抱強く励まし、読者の手に届ける編集者と出版社の介在がなければ、書物は生まれない。町田さんというひとりの女性編集者がいたことで、勁草書房の出版目録に、フェミニズム関連図書という強力なラインナップが加わった。一出版社を越えて、彼女の送りだした書物はいったいどれだけの影響力を出版業界にもたらしただろうか。その効果は、勁草書房という出版社の評価をも変えたほどだ。その町田さんがもうじき定年を迎える、という。職業人生の大半を日本における第二波フェミニズムとともに走り、その波を自らつくりだしてもきた名物編集者がまたひとり去る。その彼女の最後の仕事のひとつに、本書の新装再刊があることを喜びたい。

本書には、今までのところ、文庫版がない。複数の出版社からの文庫版刊行のオファーを退けてきたからだが、それというのも、本書が二〇年という時間を生き延びて、ただの一度も絶版にならずにすんできたからこそである。そして本書を絶版にしないできたのは、町田さんの意思でもあった。「上野さん、この本は生きています。だから文庫にはしません」……そうきっぱり言った町田さんは、本書を生まれ変わらせてくれた。本書があたらしい読者を獲得して、「フェミニズムがはるばる来た道」を実感してもらうよすがになれば、こんなにうれしいことはない。

二〇〇六年初夏

上野　千鶴子

注

（1）明らかな誤植のほかたとえば、「性的嗜好」を「性的指向」とするなど、今日使われる用語に訂正したり、わかりにくいという指摘を受けたところについて若干補ったが、文意に変更は加えていない。

（2）わたしの最初の公刊論文は「カオス・コスモス・ノモス」（『思想』六四〇号、岩波書店、一九七七年）であり、これはのちに構造主義についての論考を収めた『構造主義の冒険』（勁草書房、一九八六年）に収録された。

（3）同書はもともと副題の『女の読み方・読まれ方・読ませ方』というタイトルで刊行されるはずだった。

（4）女性学研究会、国際女性学会とならんで、七〇年代後半に設立された日本でもっとも早い時期の民間の女性学研究団体。「女性学」の名を冠するもっとも古い学術誌、『女性学年報』を刊行していることでも知られる。『女性学年報』は一九八〇年創刊、二〇〇五年で二六号を数えた。

（5）国際女性学会の記録である岩男寿美子・原ひろ子『女性学ことはじめ』（講談社現代新書、一九七九年）には、原さんの「主婦研究のすすめ」が載っている。わたしの主婦論争研究は、ある意味で原さんのこの呼びかけに応えたものだった。

（6）「ケア」という用語が、依存的な他者を世話する育児や介護の上位概念として使用されるようになったのは九〇年代以降である。わたしの連載、「ケアの社会学」（『季刊at』一号－、二〇〇五－、太田出版）参照。

（7）森崎和江との対話「見果てぬ夢―対幻想をめぐって」上野千鶴子編『ニュー・フェミニズム・レビュー1　恋愛テクノロジー』（学陽書房、一九九〇年）。のちに、『対話編　性愛論』（河出書房新社、一九九一年）に再録。前者には「恋愛の社会史」も収められているが、これものちに『発情装置』（筑摩書房、一九九八年）に再録された。

（8）耽美派といわれるイタリアの映画監督、ルキノ・ヴィスコンティがナチを題材に『地獄へ堕ちた勇者ども』を描いたとき、そこには「ホモソーシャル」と「ホモセクシュアル」の意図的・非意図的な混同があった。

（9）「女性の国民化」、いいかえれば国民国家への「男女共同参画」がフェミニズムのゴールになりえないことについては『ナショナリズムとジェンダー』（岩波書店、一九九八年）で論じた。

はじめに

ここ一〇年ばかりの女性解放理論の展開はめざましい。論が論を呼び、批判が反論を招いて、女性解放理論について考えられるすべてのヴァリエーションが、出そろった感がある。理論の力とは、やってみなければ結果のわからない実践とちがって、思索によって「遠くまで行く」ことができることにある。だからいったん考えられ始めてしまえば、「考えられる」までは早い。女性解放の現状についてのフラストレーションは、解放の理論について「考え尽くされている」ほどには、解放の実践が「やり尽くされていない」こと――言い換えれば、答が出てしまっているのに現実が変わらないいらだちとでも言うべきものだ。

もちろん理論の隆盛・実践の困難の背後に、「理論家」たちが今どき語っている程度のことは、一〇年以上も前にリブを担った人びとによって生きられてしまっていることだ、という声があることも承知している。また声高な理論を苦々しげに横目で見ながら、「いま必要なのは、女がだまって実績を積み上げること」という意見がくり返し基調低音のようにあるのも知っている。

だがここ一〇年の女性解放理論の展開は、いくつかの点で、画期的な新しさを持っていた。第一に、女の問題が語られ、論じられるに値することを明らかにしたことである。考えてみれば、「現場で黙って実績を積み上げる」ことなら、女たちは大昔からやってきた。女たちが自分の経験を、自分じしんのことばで、他人に伝え始めたことの方が実は新しい。女が言挙げしてみると、世の中の見え方は次つぎに変わってきたのである。女性解放の理論は、女性の視点から現状の社会を相対化して見せることに成功した。そのことを通じて「女が論ずる」ことは、「女を論じる」ことにとどまらず、「女の視点から社会を論じる」ことであることを示して、男性の論者をも巻きこんでいったのである。リブとの対比で言えば、「他人にわかるように」伝えるという一点で、女性解放の理論はリブの文体とちがっていた。もちろん解放理論の多くは、リブの直観をあとから分節し言語化したものにほかならないが、いわば「理性のことば」で語ることによって、リブの表現に共感はしても理解を示さなかった多くの人々に、女性解放の理論は届いたし、またそのことによって「理性のことば」・「感性のことば」という言説上の性分業を、実践的に否認した。

第二に、理論の成熟にともなって、論点が多様化したことである。一枚岩と見えていた女性の要求は、分節化がすすみ、層が厚くなるにしたがって、その間の多様性が明らかになってきた。議論の応酬をつうじてわたしたちは、志を共有しながら対立をおそれず、差異を生産的な議論に生かしていくことをも学んだ。もちろん解放理論の多様化は、七〇年代以降の女性層の分解と多様化に対応している。この間のフェミニズム論争を、西川祐子氏は平塚らいてう、与謝野晶子らの間で闘わされた一九一〇年代の第一次フェミニズム論争に対して第二次フェミニズム論争と呼ぶ。私じしんもその一翼に加担した第二次フェミニズム論争が、半世紀以上前の第一次フェミニズム論争で出尽くした論点をくり返しているだけではないかという批判に対しては、内心じくじたる思いを禁じえないが、しかし一九八〇年代の論争は、たしかに二〇世紀末期の高度資本主義社会の現実を反映してもいた。第二次論争の意味や第一次論争との異同については、私たちよりあとに来る女性学研究者が、どんな位置づけをするだろうか。

第三に、解放の理論がどれも期せずして近代批判に向かったことである。私じしんを含めて、近代と戦後の落とし子だった論者たちは、性差別を「おくれた前近代」の遺物と断ずるほどナイーヴでもなかったし、女性解放の戦略を女性のがんばりと男なみ解放に求める近代主義のワナにもはまらなかった。「この近代」の落とし子だった私たちは、それだからこそ「この近代」を一度も理想化したことがなかったし、逆に「この近代」のおかしさ、異様さを撃つための近代の見え方（パラダイム）の転換をこそ求めたのである。女性解放が「この近代」の枠の中での女性の地位の向上から「この近代」そのものの問い返しという、より大きな射程を持つに至って、解放理論もまた、女に関わるローカル（局地的）な議論からユニバーサル（全域的）な議論へと転換をとげた。

第四に忘れてはならないことは、こうした理論の展開が、運動の中から、運動の層の厚さを背景として出てきたことである。このことは、いくら強調してもしすぎることはない。女性解放理論は、一部の突出した理論家の孤独な机上の作業から生まれてきたものではなく、運動の場との往復過程から生まれた。それは、これらの理論に、社会理論がほんらい持つべき一種の規範性を与えている。理論が何かのためのものであること、そしてそれが共同性に支えられていること――それが創成期の女性解放理論に、得がたい緊張と一種の健康さとを与えている。その色調が私のこの論集にも投影していることを、私は喜びたいと思う。

私は時代の稀有な転換点を、私の思索の歩みとともに生きるという幸運を持った。この一〇年間は、私じしんにとっても「女が語る」文体と内容をかくとくするための試行錯誤の連続だった。その足どりをともにすることをつうじて、読者にも「理論という実践」の軌跡を共有していただければ幸いである。

女という快楽／目次

I

1　対幻想論

1　対幻想の衝撃

一九六八年に吉本隆明の『共同幻想論』（河出書房）が刊行されたときの衝撃を、私はいまだに忘れることができない。吉本はこの書の中で、共同幻想・自己幻想・対幻想という三つの概念を提示した。この概念が画期的だった理由は、第一に、「国家」や「社会」が、果ては「自我」というものさえ、幻想の産物にすぎないことをあばいたことと、第二に「集団と個人」という伝統的な二項対立図式に、「対」という独立した第三項を自覚的にもちこんだことであった。

第一の「幻想」視点は、当時「大学という共同幻想」にたち向かおうとしていた学生たちに熱狂的に歓迎され、「共同幻想」ということばは全国を席捲した。フッサールやメルロ＝ポンティを読みかけていた人びとが当時ようやく使いはじめていた「共同主観性」ということばのなかみを、「共同幻想」はいちはやく言い当てていた。しかし、第二の「対」の視点については、どうだっただろうか。『共同幻想論』が及ぼした影響を、その後私は注意ぶかくフォローしてきたが、多くは男性の思索者たちによる吉本論からは、「対幻想論」はすっぽり脱けおちているようである。たとえばその中でももっともポピュラーな岸田秀の唯幻論（『ものぐさ精神分析』青土社）は、言うまでもなく『共同幻想論』の通俗版焼き直しだが、彼は吉本との対談（『現代思想』八一年一一月号、青土社）で、自分が吉本の三項概念のうち、共同幻想と自己幻想という二項のみを継承し、対幻想を継承しなかったことを証言している。岸田の図式の中では、問題はふたたび「集団と個」という構図に解消されてしまい、「対幻想」という概念がもたらした画期的な視野はひらけてこない。

2　政治と性のあいだ

吉本は、自己幻想・共同幻想・対幻想の関係を、おおよそ図1のように考えた。自己幻想と共同幻想は「逆立」するが、しばしば自己幻想は共同幻想にまきこまれ、吸収される。それに対する歯どめが、自己幻想にはない。この発見には、「軍国少年」であった吉本自身の戦争体験が、痛恨こめて投影されている。

対幻想は共同幻想と拮抗し、無限に遠ざかろうとする。もっと卑近な言いかたをすれば、政治と性は両立しないということだ。古代人たちは、政治と性の非両立性をよく知っていた。たとえばハネム

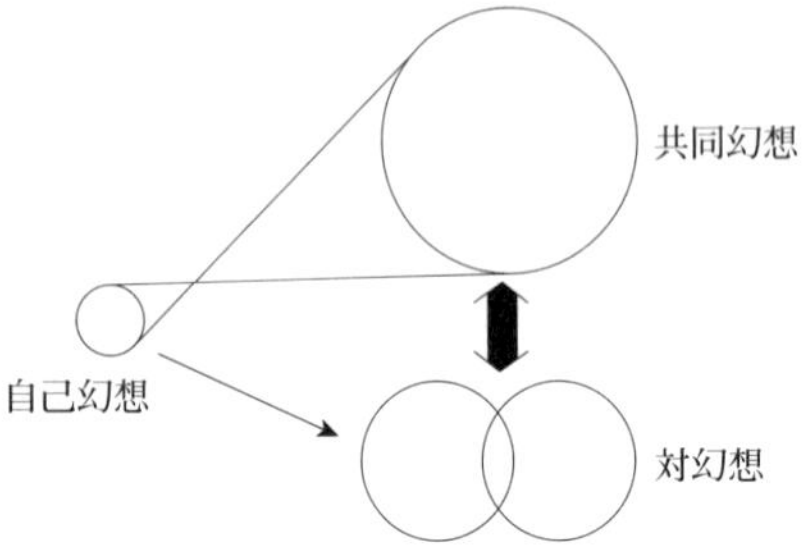

図１

ーンの語源を考えよう。民俗的シンボリズムの中では、蜜《ハネー》は男性の精液を意味する。月《ムーン》は、月が満ち欠けする期間、つまり一カ月である。男たちの集団は、新婚の若者に、ひと月を限って性的耽溺をゆるし、そののちはふたたび戦士の隊列に復帰するよう要請したのである。ほとんどあらゆる神話は、性的な原理と政治的な——すなわち男性集団の結びつき《メイル・ボンド》の——原理との間の、非調和と葛藤を何らかのかたちで表現している。人類学は、集団生活と家族生活とを両立させたのが人類だと説くが、この両立は必ずしも調和的なものとは言えない。

3　自己幻想・共同幻想・対幻想

対幻想が共同幻想に拮抗しうるのはなぜか。そのためには、対幻想と共同幻想のなりたちとそのしくみのちがいを見ておく必要がある。

自己幻想・共同幻想・対幻想のそれぞれが「幻想」であるのは、それがただ意識のあり方にすぎないからである。自己幻想とは、「それ以上分割できない《インディヴィジュアル》」個人、つまり身体という境位に同一化した意識の謂にほかならない。しかし意識は、身体のレベルをこえて同一化の対象を拡張することができる。

たとえば「妻子のため」に外で「七人の敵」と闘う男は、家族に自己同一化している。「天皇陛下万歳」と叫んで死ぬ兵士は、自己同一化の対象をオクニのレベルにまで拡大している。この種の自己拡張は、自己幻想の同心円的拡大によっている。同一化対象のマキシマムは宇宙との自己同一化だが、その時「宇宙の中にわたしがいる」と言っても「わたしの中に宇宙が孕まれている」と言っても同じであろう。

同一化対象の拡張は、自己の極大化と極小化の二つの過程を同時にひきおこす。だから「朕は国家なり」と言ってみても、「神の前の卑小なわたくし」と言ってみても内実は変わらない。「神」とはいずれ「わたくしのようなもの」だからである。神が絶対的な他者としてあらわれるのは、ただ共同体が個人に対して絶対的な他者としてあらわれる事情とひとしい。そして共同体とは、「わたくしのようなもの」の集合のことにほかならない。自己幻想と共同幻想とが、逆立の関係にありながら通底しあうこと、自己幻想は共同幻想からの不断のくりこみについに抗しきれない理由はここにある。自己幻想と共同幻想とは、意識の構造が同型だから、かんたんに一方から他方へと横すべりしてしまうのである。ここには自己意識の変容《トランスフォーメーション》は認められない。

しかし対幻想はちがう。他者は「わたくしのようなもの」という類推を拒み、しかも「もうひとりの私」として私と同じ資格を私に要求してくる。異質な他者に同一化しようとすれば、自己幻想はたんなる同心円的拡大を許されない。同型的拡張をおしつけようとするたびに、他者は違和を信号として送り返してくるだろう。自己幻想は脱中心化を迫られ、対幻想は楕円のように複中心化して安定する。これに対して自己幻想と共同幻想の関係は共中心的なものであり、中心はつねにただ一つである。両者を模式化すれば図2のようになるだろう。

対幻想の中では、自己幻想は構造的な変容をとげている。自己幻想から対幻想への過程は、したがって不可逆であり、こうやって一度構造変容した自己幻想は、共同幻想からのとりこみに強い抵抗力を示す。それは共同幻想とはべつのものになっているからである。人は、対幻想と共同幻想というべつべつの世界をふたつながら持つことができる。だが人は、両者の間を往復するだけであって、ふたつを調和させているわけではない。

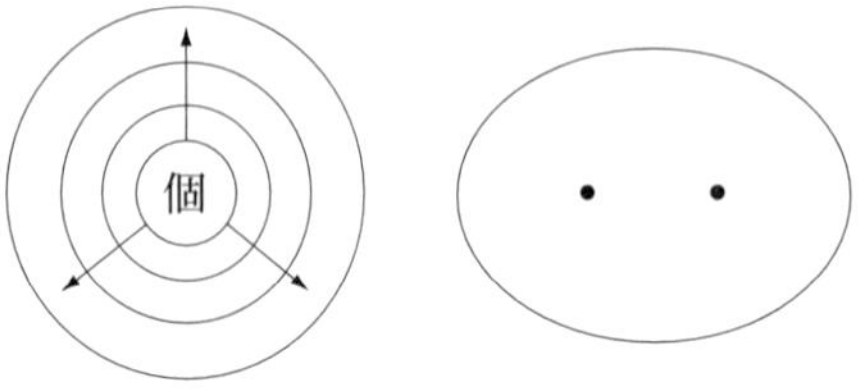

共同幻想　　対幻想

図2

4　ホモ志向とヘテロ志向

「わたくしのようなもの」との同一化と「わたくしとはちがうもの」との同一化とは、著しく異なっている。前者をホモ志向、後者をヘテロ志向と呼んでおこう。両者を模式化すれば図3のようになるだろうか（もちろん凸型と凹型の模式図は、ほんの冗談にすぎない）。ホモ志向は、次から次へと同質のメンバーをよびこむことができる。他方ヘテロ志向は、二者関係で安定して閉じる。社会学者のジンメルは二者集団と三者集団とを区別し、社会は三者集団からはじまると説いた。

私たちはたとえばここで、ロビンソン・クルーソーのパートナーであるフライデーが、もし女だったら、という問いを立ててみることができる。フライデーが女だったら、ロビンソンは外へ「社会」を探しに出かける必要はなかったろう。一対の男女はそのままでは「社会」ではないが、繁殖によって「社会」を創り出すことができる。ロビンソンは帰還せず、物語はそこで終わる。だが原作ではフライデーは男であった。ロビンソンは彼をともなって探検に出かけ、ついに「社会」を発見し、「社会」に帰還する。ロビンソンの物語は、フライデーとの二者関係の中で閉じてはならなかったのである。

ヘテロ志向　　ホモ志向

図3

対幻想は無限に閉じ、孤立しようとする。この排他性は共同幻想にとってやっかいである。性という無法地帯《アウトロー》。共同体は対をおそれ、対を疎外しようとする。人々が「性」的である時代とは、共同幻想が衰弱した時代である。性と政治のシーソーゲーム。

しかし対幻想は、ほんらい異質性の契機を内在させている。対幻想によって組まれた家族は、集団にいびつな歪みをもちこむ。というのは近親婚の忌避《インセストタブー》によって、家族はその内部に他者性を呼びこむからである。家族は「共同幻想」だ、と言い切った時、家族が内在させているこのヘテロなものがぬけ落ちる。たとえば「家族」はひとつの「国家」だ、とする短絡のなかには、この危険がつきまとう。

「家族」は「国家」ではない。そのように対幻想は共同幻想に還元されない。「対幻想というのはぼくはよくわからない」と吉本との対談で岸田秀が言うように、男たちは対幻想をわかってこなかったし、わかろうともしてこなかった。個からも集団からも疎外された非・人間である女たちは、対幻想に食い下がる。そこにしか、女の存在があらわにならないからである。

5　アイデンティティ・ゲームとしての恋愛

自己幻想から共同幻想へ至る道はなだらかな一本道だが、自己幻想から対幻想へ移るには飛躍によるほかない。というのはその過程で、人は自我の変容を——自我の解体と再編という断絶と痛苦に満ちたプロセスをたどらなければならないからである。

行動学は、動物はほんらい個体距離を保って接触をさけあう性質があることを教える。個体距離とは、動物が自己同一化する空間＝ナワバリをさす。個体距離が冒されるとは、個体が冒されることである。しかし繁殖のためには、雌雄の個体は接触しあわなくてはならない。個体距離の侵蝕は、動物の自己保存本能と抵触する。繁殖というパラドクスの中には、個と対の激烈な矛盾が孕まれている。個体は、冒しあうことによってしか、繁殖に至ることがないのだ。

少年や少女にとって最初の異性との接触は、たんに快であるとは言えない。少年も少女も自己同一性の保存（自同律！）を犠牲にして、異性とふれあうほかはない。「冒される」立場の少女たちばかりでなく、もっぱら「冒す」側の少年たちでさえ、自分の性が自分とは異なる性の存在に依存していることを自覚せざるをえない。

自分とは異質な存在に対するこの相互依存性の認知を通じて獲得された相補的なアイデンティティを、性アイデンティティと呼ぼう。性アイデンティティの獲得は、だから個体にとって痛苦に満ちたプロセスである。というのは、それは自己完結的な個体性にとって、アイデンティティの危機を意味するから。

恋愛は、いつでもクライシスである。幸せな二人が恋に陥ることはない。ただ危機にある個体どうしが、補完的な他者を呼びよせる。必要は発明の母。アイデンティティの危機こそが、恋愛の母であり娘である。恋愛の中で、二者はアイデンティティの取り引きをする。それは一種の相互依存ゲームである。アイデンティティの相補的な供給源であるあなたとわたし。しかしこのゲームは、不安定な天秤のように傾きやすい。

恋愛は、自分のアイデンティティの根拠を相手にゆだねる、いわば自我の譲渡である。相手の出方しだいで、アイデンティティの基盤は不安にさらされる。この駆け引きは、ただの性的冒険より、何倍もスリリングにちがいない。人は自分のアイデンティティというもっとも失いえないものをかたにして、このゲームに参加するわけだから。このアイデンティティ・ゲームは、文字どおりの「ごっこ」としてさえ面白い。恋愛は、だからあらゆるあそびの中でもっとも面白いあそびだし、またすべてのあそびに飽きた人の求める最後のあそびでもある。単調な生活に飽きた管理社会の住民が、次に手を出すのはばくちと女と決まっている。ばくちのかたは金にすぎないが、女を相手にする時には、賭け金に自我がかかっている。女あそびがたんなる性的冒険である時は、女を客体化する分だけ男のアイデンティティは無傷で保護される。しかし安全なゲームは、どんなゲームもつまらない。男たちの見果てぬ夢は、「女で身を滅ぼしたい」という夢だ。かれらが本気で自分をかたに勝負する気があるかどうかはべつにして。

6　対幻想の排他性

相補的なアイデンティティは、取り引きの結果うまく安定すると、この上もなく強固な結びつきを提供することがある。互いに互いが不可欠となり、二者はもはや相手なしでは自分じしんでさえありえない。アイデンティティの一部になってしまった他者。サルトルとボーヴォワールの関係は、この種の対幻想のもっとも強固なモデルだ。サルトルがボーヴォワールの新しい恋人を前にして「ぼくは少しも心配していない。カストール（ボーヴォワールの愛称）がぼくを選ぶのはわかっているから。」（マドセン『カップル』新潮社）と言う時、このせりふにあるのは、恋の勝利者である男の傲慢でも、男としての自分の性的魅力に対する自信でもない（サルトルのやぶにらみの御面相を見れば、誰もそんなことを信じない）。それはただ一対の男女が、お互いをかけがえのない対象として相補的アイデンティティを組んだのだ、という事実を表しているにすぎない。この対幻想の安定性と排他性を前にして、第三の異性は、自分がこのカップルにとってヨソモノであることを感じとって去っていくほかない。

男ないし女が、性的魅力という一元的な尺度にしたがって互いに他に対して競合しあうという考えは、神話にすぎない。人はただ固有な他者と、固有なアイデンティティの取り引きをむすぶ。このとりひきは、必ずしも当事者の双方にとって対等なしかたで締結するとは限らない。人々の組み合わせの数だけ、固有な安定のしかたが見つかる。たとえばマゾヒスティックであることで安定するような相補性や、憎しみによって持続する相補性がある。人がどれを選ぶかは、人がどのようなアイデンティティを自らに選ぶかと同じことだ。

7　第二人称の性

しかしこのゲームは、もともと対等なゲームなのだろうか。ことばを占有してきた男たちは、女たちを名づけ、記述し、そのことによって女を客体化してきた。沈黙のうちにある女たちは、自分をとり戻すすべがない。女たちは「わたしって誰」であるかを、心理的にも社会的にも男に依存する。女は男から「あなた」と呼びかけられることで、男から求められる存在であることを知る。女は男に対して同じように「あなた」と呼びかえすことができない。女の「わたし」は予め奪われている。女の「わたし」は「あなたからあなたと呼ばれるわたし」だ。「第二の性」は「第二人称の性」でもある。

女たちは、自分が相補性の片われであることを、骨の髄まで思い知っている。女は、男によってしか女でありえない。男を欠いた女は、それゆえ無だと見なされてきた。

だから一対のアイデンティティ・ゲームの中での女の戦略は、相手の男に、この相補性を骨の髄まで思い知らせることにある。「あなた」から「わたし」を奪還し、「わたし」の「あなた」と化すこと。これは熾烈な争いだ。だから闘いでないような恋愛は、ない。

女たちはしばしば、恋愛の相手に「女としてより人間として認めてほしい」と要求する。しかしこの戦略はまちがっている。人間としてのアイデンティティなら、他者に依存するまでもなく自己完結的に持つことができる。女が、人間としてさえ認められていないという不満の裏には、対等な他者として相補的なアイデンティティ・ゲームに参加せよ、というフェアネスへの要求がこめられている。中原中也の恋人であった長谷川康子と鬼気迫るアイデンティティ・ゲームを演じた小林秀雄は、こう書いている。「女はおれにひたすら男であれと要求する。おれはその要求に、どきんとする」(『Xへの手紙』角川文庫)。

女は男に、人間なんかであってほしいのではない。自分もまた相補性の片われにすぎないことを思い知れ、と迫る。それが惚れた女の特権だ。こんな要求に今ごろ「どきん」としていてもらっては困るが、それでも気がつかないよりはましだ。小林はまた「恋愛とは、はためには狂気と見えるまでに相手に対して醒めている状態である」と書くが、これは女とまともにアイデンティティのとっくみあいをしたことのある男ならではのせりふであろう。

8　ホモセクシュアルとヘテロセクシュアル

対幻想は、男と女のあいだにしか成りたたないか。

吉本じしんは、親子にも兄弟姉妹の間にも、対幻想は成りたつと考えた。この考えを敷衍すれば、性を問わず一対の人間の組み合わせの中に、対幻想は成りたつと考えられる。なるほど原理的にはそのとおりであろう。だが私は、性に内在するヘテロ志向性を重視する。そしてこの見地からホモセクシュアルを「差別」する〔新装版へのまえがきを参照〕。

種は、繁殖のためには異質なものとの交配《ヘテロセクシュアル》によるほかないという逆説を、人類におしつけた。だから同性どうし《ホモセクシュアル》のカップルを、法律は決して夫婦と認めないし、因循な法同様私じしんも、ホモセクシュアルは多様で自然な愛のかたちの一つにすぎないという、ものわかりのよさそうな意見に与しない。なぜならホモセクシュアルは、繁殖に結びつかないばかりでなく、異質なものとの交配という種が強いた自然を、心理的に裏切ろうとする試みだからである。

ほとんどあらゆる同性愛者たちは、異性への嫌悪と侮蔑を、ひるがえって自分が属する性への自己愛的な賛美を、表明している。たとえば美輪明宏という著名なゲイボーイ（今ではゲイおじさんか）は、何人もの同性との性体験を告白したあとで、次のようにつづけている。

「女の人とは一度も。ええ、あたしはきれいなからだですよ。」

ここには、異性との交接がケガレであることが、他のどんな表現にもまして雄弁に語られている。優位な性である男性が、劣位の女性に、性的に依存するというのはにくむべきことにちがいない。ホモたちのイデオロギーは、女性への蔑視と、それとうらはらな恐怖を表現している。

女どうしの性愛《レズビアン》は、男性同性愛《ホモセクシュアル》と対照的である。女性同性愛者たちは、男性へのあからさまな嫌悪を表明している。彼女らの動機には、しばしば男性から手ひどく扱われた経験がひそんでいる（アリス・シュワルツァー『性の深層』亜紀書房）。「女どうしの方がわかりあえるわ」と彼女らが言うとき、底に響くのは、ヘテロな交配に対するうらみである。

近親交配もまた、ヘテロな交配をおしつけた自然に対する、人間の側の裏切りにちがいない。出自も環境も共有した同族の女となら、努力をせずに「わかりあえる」。しかし文化は、兄弟姉妹の間の対幻想に、禁止という柵を置いた。近親婚のタブーは、同種なものへの志向を切断し、他者性へと回路を開く。吉本はこのヘテロ志向性を、「遠隔対象性」と呼んだ。森崎和江もまた近親婚のうちに、無限に退行していこうとする暗いものをかぎとっている（『第三の性』三一書房）。退行への退路を断ち、人間を繁殖へと、したがって時間へとおしだした自然という悪意。女たちは、その悪意を身に引きうけるほかはない。なぜなら女は、つねに他者性を帯びた存在だったからである。

9 「対の思想」へ

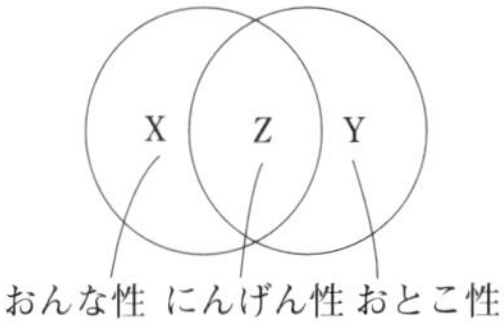

図4

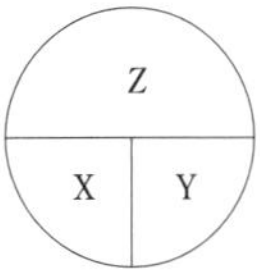

図5

女に対する思索のふかまりは、女性にわりあてられた特性が、人間的なものと男性的なものの残余部分にすぎないことを明らかにしてきた。男《マン》たちは「人間《マン》」を僭称し、人間性を独占してきた。そのために「女性」学は、男女に共通な人間性から、固有なおとこ性を析出する触媒の効果を持った。「女性」学は、「男性」学の存在を要請するし、両者はあいまって「人間」学を構成することになる。人間性とおんな性とおとこ性との関係は、図4のようになる。しかしこの図は正確ではない。というのは、性を問わない人間性を除いたおとこ性とおんな性とは、ただ他に対する相補性によってしか成りたたないからだ。図4は、図5のように修正することができる。

私たちは、性を欠いた人間的なアイデンティティのみによって生きているわけではない。相補的な性アイデンティティは、私たちのアイデンティティの核の部分にふかく食いこんでいる。抽象的な人間性一辺倒では、ホモ志向へ、したがって共同幻想へとなだれこむ。性アイデンティティこそが、私たちを異質な他者へと向かわせるヘテロ志向を保証する。

男たちのつくり上げた人間学は、たしかに性をこえた人間性について、ふかい洞察を私たちにもたらしてきた。「人間」が男の僭称にすぎなかったからと言って、この成果をひとしなみに否認しようとは思わない。だが、男たちによってつねに他者性を刻印されてきた女が、何らかの思索をもって文明に貢献しうるとすれば、それはこの相補的な性アイデンティティについての「対の思想」ではないだろうか。

男たちは、自分の相補的な依存性を認めようとせず、したがって対について語りたがらない。女たちばかりが、対と愛について語る。この構図はうんざりするものだが、男たちを、対等でフェアなアイデンティティ・ゲームの場に引きずり出してあげること、これが私たち女から男への熱いラブ・メッセージだ。そして男たちが避けたがるなら、女たちの手で思想としての「対幻想」論が書かれなければならないだろう。

2 〈外〉の性
――性の自由とその帰結――

1 愛のあとの「荒野」で

ロマンチックラブの神話が死に絶えた後の「性の荒野」（バンス・パッカード）で、男と女が向きあうとはどういうことなのか。私たちの性は、どこまで行ってしまったのか？

言うまでもなく、社会科学者の直観よりは、文学者の直観の方がずっと先を行っているから、私はここで二つの文学作品――中上健次『水の女』（作品社、一九七九年）と富岡多恵子『芻狗《すうく》』（「群像」一九七九年四月号）――を、時代を読むテクストとしてとりあげようと思う。それは何も私が文芸評論家に鞍替えしたことを意味するわけでなく、逆に文芸批評とはいつでも時代を読む作業だということに、おおかたの批評家は同意してくれるだろう。すぐれた感性が造型した直観を、分析的な知性が追いかける。直観を分節する、という、この徒労に似たあとづけ作業が、実は社会科学の仕事に他ならない。しかし、分節によってのみ、知が操作されるのもまた確かなのだ。

2　中上健次と「ケモノ」願望

「(中上健次の作品に)描かれているのはケモノの世界であり、男と女の対等な性の世界である。……富岡多恵子が『芻狗』で動物のように生きたいと希望する女を描いていることと……共通性があり、現代文学の最先端がここにある」(神谷忠孝「国文学・解釈と鑑賞」五九〇、特集・性表現とエロチシズム、一九八一年四月)。

愛の後にも性はのこる。あるいは愛の〈外〉にも性はのこる。愛の覆いから剝き出しになった性の世界で、男と女が「関わる」とはどういうことなのか。この問いに、果敢に根底的に答えようとしているのが、中上健次と富岡多恵子である。性は、人間の〈関係〉の始点でもあり終点でもある。「セックスって最高のコミュニケーションよ」という無邪気な信念とは無縁のところで、彼らは、私たちの時代の性の位相《トポス》を見据えようとしている。

中上健次の『赫髪』(『水の女』所収)は、「女の股間に打ちつけすぎたために陰嚢がだるく」なるまでに性交を蜿々とつづける、超《スーパー》ポルノグラフィーである。

光造は女に自分の舌を吸わせながら、性器を女陰からはずさないようゆっくりと女を下に圧さえ込む。腹に力が入りぶるぶると震えている。

女は声をあげる。女は苦しくてしょうがないように呻いて粘液でいっぱいになった女陰を光造にこすりつけ、もっと深く強く動いてくれと尻につめを立て、それでも足りないと光造の動く尻の割れ目を指でつかんで尻の穴に指つっ込み裂こうとする。つめで皮膚が裂ける痛みを感じながら、女のもう身動きつかないほど硬くなった女陰の中で長々と射精した。


『赫髪』の性表現は、徹底的に即物的でリアリスティックであり、「そこで展開されるポルノ小説顔負けの描写は妙に清潔である」と神谷忠孝は言う。

「性的に対等な男女同士を書いた小説としては前例がない」という神谷の指摘は、さらに重要である。「猥褻」感を生み出すのは「性の政治学」（ケイト・ミレット）の方であって、性そのものではない。ここに描かれているのは、愛ヌキの対等な性の互酬性と言うべきものであって、即物的な性は、クリーンですらある。中上の描く女は、いつも性的な主体性を持っている。彼女は、自分の行為を理解しないが、いつも「肉体を通じての選択」（『鳳仙花』作品社、一九八〇年）を行なっている。

しかし「性の政治学」を周到に排除するために、この性は、社会の〈外〉に置かなければならない。「赫髪」の女は、バス停で声をかけたらついてきた女であり、この関係からは、理由は排除されている。

女に光造は何も訊かなかった。実際女に何を訊いてみてもしょうがなかった。丁度口笛一つでついてきた犬をあれこれ考えせんさくしても結局はその犬を飼うのかそれとも追い払うのかどちらかしか道がないように、光造には女を部屋に居続けさせるのかそれとも追い帰すのか二つの方法しかなかった。赤い髪の女は光造の部屋に居続けた。

ここでは女は最初から最後まで「女」とだけ呼ばれており、固有名詞を持たない。女は経歴や身分もわからず、一切の社会的役割を欠いている。この男と女はセックスの他に生活を共有しようとせず家庭的な性役割も持たない。女は、性交のために帰ってくる男を待つだけで、男のために食事ひとつ作るわけではない。ここには、性を社会化するための制度である結婚の、あらゆる要素が欠けている。女は、非社会的な抽象性を帯びている。

女は、たんに非社会的なばかりではない。ここには心理というものさえ欠けている。心理を媒介する言葉によるコミュニケーションが、ここにはない。彼らは会話をしないし、会話をする必要がない。彼らは、性交をするが、性交をするために心理という理由は、不要なのだ。ここには、性というぎりぎりに切り詰められた〈関係〉の事実だけがある。この〈関係〉は同時に動物的でも抽象的でもある。しかし、動物性が抽象性――お望みなら、形而上性と言ってもよい――に通じるところに、中上文学の一切の仕掛《からくり》があるのだ。神谷の指摘するように、中上の作品には、いつも「雨」や「水」が効果的に使われ、「性行為がなにか浄化につながるような」(神谷)シンボリズムを帯びている。

中上健次の「紀州もの」といわれる作品群には、性を通じての浄化の主題は、もっとはっきり表われる。『鷹を飼う家』や『鳳仙花』の女主人公は、ケモノになることを自ら選びとり、ケモノになることを男に強要する女である。ケモノになった女に強要されてケモノになるところに、男の浄化と救済への願望が記される。社会に汚染されている人間にとって、ケモノになることは難しい。性は、死を除いて、人間にとって社会からの唯一つと言っていい出口でもあるのだ。

3 性を通じての救済

中上健次は現代作家の中では珍しくロマネスクな作家だと言われるが、その秘密は、彼が性を通じての救済と超越、という、このほとんど古典的な主題を保ちつづけているからだ。この主題は、古今東西の作品に、くり返し表われる。

この仕掛《からくり》を解説するために、ヴィクター・ターナーの「周縁性《リミナリティ》を通じての救済のドラマ」という人類学的な解釈図式を援用してみよう（冨倉光雄訳『儀礼の過程』思索社、一九七六年）。ターナーによれば、宗教的な救済の場であるコミュニタスは、制度によって秩序づけられた構造の外側にあり、主に「構造的劣性」を帯びた人々——母系親族、女、子ども、老人、異邦人《マレビト》等——によって担われる。ありうべきものとしての社会（ソキエタス）は、構造が構造であるために排除しなければならなかったものと合一した全体として、理想化される（図1）。だから宗教的な理念は、つねに構造的劣性の側に準拠する。ターナーは、宗教を二つに類型化して、「謙虚さの宗教」と「逆転の宗教」と呼んでいるが、前者の例である仏教では、構造の中心にいた釈迦は無一物となって自らを辺境に追いやったし、後者の例であるキリスト教では、イエスは私生児にして娼婦と税吏の友であった。構造は、自らが排除したものに自覚的であり、可能態としてのソキエタスへ至るには、周縁性の回路を通らなければならないことを知っている（図2）。

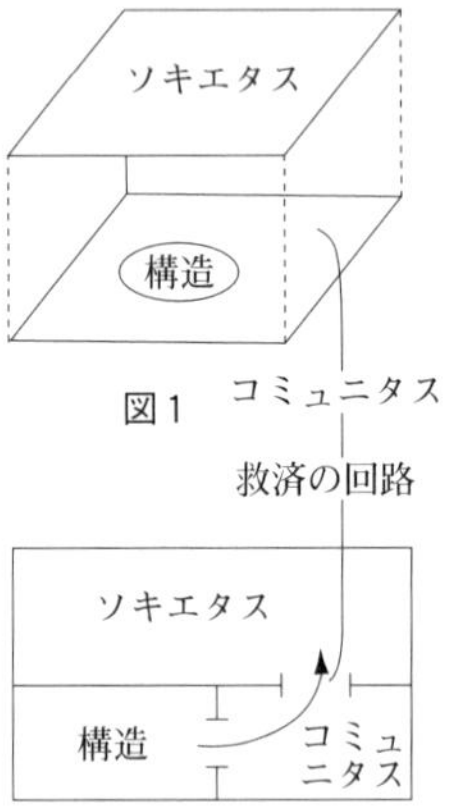

図1

図2

自らが周縁化したものによる救済、という逆説は、性による救済と超越の主題の中にくり返し表われる。たとえばドストエフスキーの『罪と罰』では、主人公はソーニャという娼婦を通じて救済される。もっとも忌わしいもの、もっとも無力なもの、もっとも低いものを通じての救済の主題は、神話的といってよいものである。中上健次のケモノ性への希求は、ケモノの正気から遠く離れてしまった私たちの時代を反映して、ほとんど形而上的な抽象性を帯びている。

4　富岡多恵子と「動物」願望

中上はケモノであることにおいて性的に主体的な女性を造型したが、女が実際に中上の期待するような性的な行動をとり始めるとどうなるか。それを実験したのが、富岡多恵子の『芻狗』である。『芻狗』は中年女の少年狩りとケモノ願望を描いたもので、状況設定は中上健次とちょうど対称的になっている。性描写の即物性と抽象性においても両者は共通したところがあるし、男と女の〈関係〉が社会の〈外〉にある点でも共通している。彼らは性交のために会うが、そのための言葉も心理も欠いている。

　わたしは栄吉が部屋に入ってきた時から、どのような手順で性行為に運んでいくかだけを考えていた。いや、部屋に入ってきた時からではなく、栄吉を最初に見た時からそのことの他考えていなかった。……よく知らぬ他人の肉体の一部が具体的にわたしのなかに入ることだけで、はたして肉体の関係になるのかという興味があった。

性交の結果を結婚という制度に結びつけようとする男の意図を女主人公は排除する。性を社会の〈外〉に保つためだ。それを富岡は「動物になって生きる希望」と表現する。

俊介との性交によってもたらされた肉体関係によって、わたしの、動物になって生きる希望がはっきりあらわれて見えたのを感じた。その幸福の前には、性交時の、人間を忘れさせるほどの陶酔があっても、そんなものはたいしたことがない、と思えた。女に陶酔を与えることにのみ自信を示す性交熟練者に興味を覚えないのも、おそらくそのためだ。動物になって生きるのは、肉体の関係も言葉もすてることだった。俊介の性もまた、そのために、祭のあとのワラ人形のように燃やされた。

この動物性への願望は、むしろ無機的な抽象性を帯びている。社会の〈外〉に出てしまうことは、〈自然〉に帰ることではない。

この非社会性を保つために、性交の相手は注意深く限定される。少年が選好されるのは、彼らがまだ、社会的な存在ではないからだ。しかも、中上の描く女が性的主体性を持っているのに比べて、富岡の描く少年は、決断があいまいで非主体的である。彼らは性交のために女主人公についていくが、自分の欲望にさえそれほど自覚的ではない。中年の女と少年という年齢差の逆転した関係や、少年たちの非社会性や没主体性という条件は、対等な性関係を、女のがわから持つために、周到に選びとられたかのようである。社会に汚染された性の政治学の中では、逆ハンディを持たない限り、女は男に対して対等にふるまうことができない。

中上の言う「ケモノ」も、富岡の言う「動物」も性を社会の〈外〉に放逐するための仕掛けであり、むしろ形而上的な観念であると言ってよい。彼らの描く性の一種のクリーンさはそこに起因する。しかし、中上の古典的な観念の構図が、容易に見てとれるのに対し、富岡多恵子というこの観念小説家は、もっと先まで行こうとする。『芻狗』の世界には、性を介しての救済の、事実も願望も、存在しない。性を通じてケモノになることが、もはやロマネスクな救済に至る道にならないことを、富岡は、白々とした潔さで感じとっている。彼女はこれを「幸福《しあわせ》」と呼ぶが、それは避けようのない仕合わせと言っても同じことである。

5　性のトポス——その非対称性

性の自由とは何か。男のケモノ願望の性行動を、女がそのまま実行すればどうなるか。性的にケモノのようにふるまう女を、中上は男のがわから、富岡は女のがわから描くが、両者は対称的ではない。性という同じひとつの場で男と女は出会うが、その性のトポスは、男にとってと女にとってでは同じではない。

男は、ケモノとしての性の中で、自分が部分化したものを通じての全体性への超越を希求する。だが、女が動物としての性を選ぶとき、社会の〈外〉へと疎外され部分化された性を通じて、女は自分自身の部分化の救いがたい進行に気づくほかはない。

男と女のこの非対称性を、図式的に書けば表1のようになろう。男は自分の性を部分化することに

	性	存在
男	部分性	全体性
女	全体性	部分性

表1

なれているが、自分の存在は部分化しない。それに対して、女は自分の性を部分化することができないのに、存在全体が部分化されている。

男にとっては、性とはたかだか身体のパーツにすぎず、存在全体を脅やかさない。アメリカのスウィンガーの告白録であるローレンス・エドワーズ『性の漂泊者』（竹村健一訳、三笠書房、一九八〇年）の中で、彼は、これからの女たちは、性交を男から断わられた時に立ち直る術を身につけるべきだと忠告している。男たちは女から断わられる機会が多いから、性を部分化することで、自我を保存する術を身につけている。女たちは自分の性を部分化することになれていないから、性を否定されたときには自我ごと全否定されて、その痛手から立ち直れなくなってしまう。「男だって、いつでもやりたいとは限らないのですから」と、あたりまえの真理をエドワーズは述べる。

男が、性の部分性を自覚的に引き受けるときには、自分が部分化したものへの自己放逐と自己救済への希求がある。男はその夢想を、自らがその存在を部分化した女に託す。他方、部分化された女が自覚的に部分性を引き受け、部分化された関係を男に押しつけるとき、そこには、男の性ではなく存在ぐるみの部分化への、悪意があるというほかない。『芻狗』の女主人公は、彼女が動物になる願望のためにだけ供される少年たちが示す困惑と不快を、冷ややかに眺めている。

しかし、性が生殖につながる以上、妊娠を通じて行為の全体性を背負わざるをえない女は、男のように性を部分化してしまうことができない。性を社会という制度に組み入れる入口の一つは結婚だが、他の一つは子どもである。制度を注意ぶかく排除しているはずの富岡の女主人公さえ、男との性交のあと、「赤ン坊ができたらどうする?」とたずねて男の困惑を見るたのしみを、抑えることができない。

富岡の女主人公の動物願望には、存在を予め部分化されている女が、部分性を意志的に引き受ける逆説がある。そこには、どんなロマネスクな救済への夢もない。性は部分的なモノとしてそこにあり、そのようなものとして人間の存在も、断片の中に放逐される。それがモノの確かさを持っているとしたら、むしろ僥倖と言うべきだ。性の部分性と断片性の中で、救済の不可能性が浮上する。

性の自由が押しやったつらい場所に、富岡は立っている。それに気づかないでロマネスクな夢を見ている男たちは幸いだ。ほんとうは〈関係〉の一方が立っている場所から、もう一方も逃がれようはないと言うのに。

6 「性の自由」とは何か

中上のケモノ願望と富岡の動物願望には、ともに性を通じて社会の〈外〉へ出ようとする志向がある。〈外〉が救済の場か荒野かは、彼らが立っている場所のちがいによる。中上は内から〈外〉へ出ようとするが、富岡は〈外〉にいることを自覚化する戦略をとる。

中上の主人公と富岡の主人公は、性の自由を行使する。性の自由とは、性の社会からの自由を意味する。

性の自由には、性の愛からの自由と、生殖からの自由が含まれる。愛は、個人の間の多少とも持続的な、かつ排他的な関係をもたらす。一方生殖は、性を制度に組み入れる社会的な回路である。生殖は、社会が成員をリクルートする手段だから、婚外児は存在しても、社会の〈外〉の生殖はありえない。婚姻法を否定する男女も、子どもに戸籍法を否定することはむずかしい。

七〇年代以降の女性解放運動の大きな特徴の一つは、すすんで性を問題にしたことだったが、それは性の中に男と女の〈関係〉がもっとも赤裸々に明らかになるからである。一部の女性たちは、男性と同じ特権的な性の自由を行使しようとしたが、あとになってそれが自分の性を部分化することにすぎないと気づいた。女性たちは、自分の性を部分化することを否定して、むしろ存在ぐるみ性の方も全体化しようとする戦略をとり始めた。それは、母性という汎性的な存在に代表される性の全体性の回復への希求――性の愛への自由、生殖への自由――である。しかし家族がそのまま宇宙でもあるようなこの性と愛のユートピアは、同時にノスタルジックでも抑圧的でもある。人間関係が断片化し部分化しているこの社会で、性関係だけが例外ではありえない。性の部分化の進行は、くつがえせない事態である。

性の部分化が可能になるには、性と生殖とが分離される必要がある。技術的には経口避妊薬や産制具があれば性と生殖の分離は可能になるが、その恩恵をこうむっているのは、制度の外の性関係よりは、むしろより多く制度の中の性関係である。「子どもは二人まで」が定着した社会では、夫婦は、長い長い「子どもを産まない性」の時代を経験しなくてはならない。性と生殖の分離は、ノーマルな人々のノーマルな経験になりつつある。このような社会で、「子どもを産む性」だけが特権性を主張するのは難しい。

　同じことは一夫一婦婚についても言える。夫婦がすでに、子どもを育てる以外に共通の利害も関心も失っている時に、婚外の他の断片的な性関係を排除するどんな特権性も、結婚は持ち合わせていない。結婚自体がとっくにゲゼルシャフト的なものになっているというのに。

　性の自由の中には、もう一つ性の愛からの自由が含まれる。三枝和子は、娼婦性を論じて「好きでもない男とでもやればできてしまう、これが娼婦性というものです」と言う。そうなればほとんどの男が許容範囲に入ってしまう。その意味での娼婦性なら、どんな女でも持っている。惚れた男としかやらない、というのは、一つの観念にすぎない。もちろん性は多くの観念から成り立ってもいる。

　性交するために、愛や心理といった理由は要らない。ちょうど、人間が産まれたり、産んだり、死んだりすることに、理由が要らないのと同じように。中上の作品でも富岡の作品でも、男と女は性交するが、そのために理由はない。ただ性交の事実があるだけだ。それが彼らの性描写に、一種の即物性や無機性を与えている。通常のポルノ小説は、性交の描写ではなく、性交の心理を描写する。猥褻なのは、いつも心理の方だ。

　理由がなくて性交だけがある、というこの簡明な世界は、富岡の言うように、ひとつの希望、ひとつの幸福でもある。「好きだ」と言わなければ性交一つできない人間の社会から遠く離れて。「好き」

というのは、それ自体が個性という名の一つの制度でもある。近代社会の人々は、個性という観念にとり憑かれているから、「この人でなければ」という思いこみの中でお互いを縛りあう。不可能な必然の夢のために、男は女の名を刺青し、女は男の一物を切り取る。未開社会では、性交してもよい相手と、性交してはならない相手とは、カテゴリーとして区別される。近親姦タブーのもとで「性交してはならない」相手は、近代社会では、かつてないほど縮小された。核家族の中で母と姉妹を除けば他のすべての女が潜在的に性交可能な相手になったこの汎《パン》セクシャルな時代に、個性という名の逆説が、自ら性を制限しようとする。

性は、社会と〈外〉との両義的な通路――同時に出口でも入口でもある。個性というイデオロギーの中で、人々はそれほどまでに、社会に繋ぎとめられたがっている。性につけられた固有名詞――「定、吉、ふたり」と書いて男を殺害した阿部定は、個性の観念に殉じた。定は社会を震撼させない。むしろ「可愛い」女だ。

中上と富岡の作品では、女は名前を持たない。富岡は、「わたし」という一人称の主人公を、相手の男から「××さん」と呼ばせている。立場が逆転しても、名前を持たないのは女の方だけだというこの非対称性は、指摘するにとどめよう。いずれにしても名前が用をなさない世界で、男と女はお互いに選びあう理由なしに性交する。性は、セックスする理由からも自由になる。

性が、愛からの自由と生殖からの自由を獲得したあとに、男と女はどんな自由を手に入れたことになるのか。それは、部分と断片性の中に、自己を放逐する自由だ。社会が制度によって馴化する必要を感じないほど、社会の〈外〉に位置してしまった性だ。人々は性的な行動をするが、だからと言って何かが変わるわけではない。性が革命の力になると信じられたライヒの信念は、無邪気なアナクロニズムになった。人々は性の自由をかくとくするが、それが私たちを連れていく索漠とした荒野に、遅かれ早かれ、誰もが佇まなければならない。

3　性の病理学

——変態からセリバシーまで——

1　性の異常とその定義

性の科学は、性の病理学《パソロジー》から始まった。つまりそれは、性についての異常を、定義する科学だったのである。

最初の科学的な心理学は、一九世紀フランスのシャルコーによるヒステリーの臨床研究から成立し、後にフロイトに受け継がれた。彼らは、ヒステリーを抑圧された性衝動の病理的な発現と見なした。フロイトはまた、フェティシズムや神経症を、性の多型的倒錯の一形態として解釈した。

性についての言説《ディスクール》のヨーロッパ的伝統は、性の異常を定義する努力で満ちている。近親相姦から始まって、獣姦、屍姦、サディズム、フェティシズム、果ては自慰から姦通に至るまでが、異常のカテゴリーに含まれる。何が性的異常かを定義するこのリストは、時と所、場合、組み合わせ、態位、部位に至る詳細な判断基準を提供しており、このリストに照らせば、人間のほとんどありとあらゆる性行動が変態と定義されてしまう。キリスト教的な理想からは、前戯も快楽もともなわない、口唇および手指を用いない、生殖を目的とした、合法的な配偶関係にある男女の、婚姻のベッドの上の、正常位による性交だけが正常と定義されるからである。しかしこのしくみには、この定義に照らせばほとんど変態であるほかない人間の、異常を悪魔祓い《エキソルチスム》するしかけが含まれていた。教会の告解の秘蹟の中で、人は自分の性についての逸脱を、言説化し告白しさえすればよかったのである。「アーメン」と十字《クロス》を切りながら姦通にコミットする、デカメロンの世界が、ここにはあった。

2　変態としての性欲

フロイトは性の抑圧を神経症の原因と仮説しながら、その抑圧からの解放を処方箋として説いたわけではなかった。フロイトにとっては、抑圧の言説化と定義だけが、その「消散」という悪魔祓いのための条件であって、抑圧の解消を神経症からの治癒と同置するライヒやマルクーゼは、勘違いを冒した夢想家にすぎなかった。フーコーが『性の歴史』（一九七六）で指摘するように、異常の定義づくりに加担する精神分析家は、中世の懺悔告解僧の現代版だったのである。

だが精神分析の達成した革命には、二つの重要なポイントがある。第一は、人間の自然な性欲が、あらかじめ多型的倒錯の中にあることの指摘である。フロイトは、変態性欲というものがあるのではない、性欲というものは、予め変態なのだ、と説いたのである。第二は、性的逸脱の規準の内在化、つまり法が決める侵犯から、個人的な病理へと、異常の定義が変化したことである。誰かが性的に異常なとき、彼はつまり、病気なのだ。それは外在的な異常から内在的な異常への移行を意味した。

サドは、性的逸脱の規範が、外在的＝法的なものから、内在的＝心理的なものへと移行する転換期に、逆説的な転轍手の役割を果たした。彼は自分の性衝動を侵犯であると定義するために外在的な規範を喚び起こし、それを侵犯することを通じて、規範の無力を宣してしまったのである。彼は死にかけた規範を回春しようとして、それを決定的に葬ってしまったのだ。規範の回春が個人的な努力でしかないところでは、どこでも、サド＝三島の悲喜劇が成り立つ。

サドが病気でしかないような社会とは、彼がもっとも歓迎したくない社会であろう。病気という個人の檻の中に入れられることによって、異常は法＝社会への侵犯力を喪っていく。

3　変態の常態化

フロイトによる変態性欲の汎通化から、変態の常態化までは、あと一歩である。つまり「どんな性欲も変態である」という定式が正しければ、「どんな性欲も正常である」と言い換えることができる。この性の常態化《ノーマライゼーションオブセックス》は、性についての科学を、性の病理学から性の生理・生態学へと進める。一九四八年のキンゼイレポートは、最初の正常な性についての科学的なリサーチであった。そこでは婚姻内性交も婚姻外性交も、人間のオスの正常な性行動の一部として、没価値的に扱われた。一九五一年には、さらに徹底した行動学的な手法から、フォードとビーチの人間の性行動研究が生まれている。そこでは、頻度、回数、持続時間のような外から観察可能でかつ計測可能な変数にのみ人間の性行動が還元されるという経験科学の限界はあるものの、そこにあらわれるあらゆる偏奇は、正常な行動のレンジの幅を示しているだけとなる。

その後の性科学研究は、ケイト・ミレットの『性の政治学』（一九七〇）から『ハイトリポート』（一九八一）に至るフェミニストによる貢献を付け加えても、この「性の常態化」の線に沿っている。そこではクリトリス・オーガズムからホモセクシュアリティに至るまで、あらゆる性欲のあり方が正当化される。この性の常態化の最前線で、なお残っている変態性欲とは、強姦や幼児姦のように、性行為に暴力による強制がともなう場合だけとなる。両当事者の間に合意の存在する、もしくは相手を必要としないあらゆる性交は、どんな場合、組み合わせ、態位、刺激……であろうと、変態ということはなくなった。オーガズムを求める人間の欲望は、充足されるべき真摯な希求であり、これを阻害するどんな抑圧的制度も、ヒューマニズムの名において告発されるべきである。婚外性交を持つ妻を、夫は婚姻の名において咎めることはできないし、ホモセクシュアルも、人々の様々な性的指向の一つにすぎない。サディズムは、マゾヒストとの協働＝共犯関係のもとでなら合意にもとづくゲームにすぎないし、売買春も自発と合意にもとづく商行為なら、何ら非難に値しない。最後に残る性的禁忌とは、人類史の最初と同じく、近親姦のみだろうか。それも制度的禁忌が解体した後では、依存的な子どものセクシュアリティを親が生理＝心理的に搾取するという権力関係が非難の対象となっているだけで、仮に成年に達した両当事者が自発的な判断と合意にもとづいて、自閉的で退行的な性のユートピアを築いているとすれば、それに第三者が容喙する余地などないことになる。

4　性革命の帰結

性の常態化を通じて、ライヒとマルクーゼが夢想した「エロス革命」は成就したかのように見える。一九六九年パリの五月革命の中で、ノーマン・ブラウンの影響を受けた学生が「オーガズム、それがボクにとっては革命と同じくらい重要なんだ」と語ったヴィジョンは、一九七〇年代の性革命を通じて、少なくとも理念的には、すでに達成されたかのように見える。人間が特定の配偶者以外にも性衝動を覚えたり、同性に対しても性欲を感じたり、また愛情がなくとも性的に興奮するのが自然だとすれば、その自然を抑圧する根拠は全くないことになる。七〇年代の性解放をめぐる実践者・観察者の手になるさまざまな報告書、ゲイ・タリーズの『汝の隣人の妻』、ヘルマン・シュライバーの『シングルズ』、ローレンス・エドワーズの『性の漂泊者』等は、むしろこのすすんだ理念とおくれた現実——旧弊な倫理感や社会化の結果、この理念についていけない人間の生理＝心理的齟齬——を、カリカチュアライズするという形をとっている。

だが人間の自然な欲望自体に、互いに矛盾しあう性向が含まれるとしたら、という仮説にもとづく性解放のイデオロギーもまた存在する。性革命の領導者とその追随者の陥る矛盾は、嫉妬心という罠である。多くの実験的なコミューンは、このために自壊していった。しかし人間の中に、特定の他者と安定した排他的な関係を保ちたいという欲望と、不特定多数の他者とより多くのより変化に富んだ性関係を結びたいという欲望とが、同時に自然な欲望として肯定されなければならないとしたら、この欲望の間の葛藤を、制度的抑圧によってではなく理念的調停によって克服するという課題に直面することになる。

ニーナとジョージのオニール夫妻による『オープンマリッジ』（一九七二）は、この課題に応える六〇年代末の決算の一つだった。彼らは矛盾する二つの欲望をまじめに調停するために、いかにもアメリカ的にいくつかの実践的な提言を——婚外性関係を持ちたいと思った時にその衝動を抑圧する必要はない、パートナーは相手の欲望を妨げてはならない、ただしその関係をパートナーに対しオープンにしなければならない等々——行なったのである。それから一〇年の経験による『オープンマリッジ』の評価は、失敗と出ている。この対立する二つの自然的欲望の調停は、実際には不可能で、後者が前者、つまり嫉妬心に敗北する、という形でケリがついた、と考えられている。数千年つづいた婚姻という人類史上の制度は、実験的な侵犯によって、かえってその有効性を立証した、というわけだ。だがこの実験の成否について、まだ私たちは何も結論することができない。マルクスが共産主義社会のヴィジョンについて答えたように、性が解放された社会の中での心性《メンタリティ》は、時代的な社会化の制約によって汚染された私たちの想像力からは、推しはかることのできないものであるから。

5　快楽という原理

だが、欲望の自然性に、性を還元していく近代の「性の常態化」は、一つの解き難いパラドクスに出会う。あらゆる性衝動が正常であるという時、それが正当化されるのは快楽の名においてだという点である。ハイヒールの中に男根を挿入するという性癖は、彼がそれから快楽を得ている限り、他人の干渉するところではないし、彼自身、自分を異常ではないかと疑ってみる必要もない。快楽、これこそが性の自然性の正当化根拠になるのである。

快楽という原理は、性の規範の内面化を完成する。なぜなら、外から判定されるどんな規準ともちがって、快楽だけは他者によっては判定されないからである。オーガズムを装う女を他者が判定することは難しいし、同様に何がオーガズムかを本人が定義することもできない。ある感覚を快楽と思いこんでそれに性急に到達しようとする人の未熟なセクシュアリティを誰も矯正することはできないし、逆に、オーガズムに達しながらそれを快楽とは信じられない人の思いこみを、誰も訂正することはできない。快楽という規準は、真偽という規準とはまったく違っている。それはいわば判定を拒否する不可能な規準、自己解体する規準なのである。

しかも欲望の自然説は、欲望そのものが——生理的欲望までも——文化的にチャネライズ（水路づけ）されることを、忘れている。性衝動が生得的なものだとしても、いつ、どこで、どんな対象に、どんな形で発現するかは、学習によって獲得されるほかない。それが順制度的であれ反制度的であれ、制度の規矩を離れては、欲望の自然そのものが存在しない。私はここで、制度《インスティテューション》ということばを最広義に用いている。異性《ヘテロセクシュアル》愛もまた、異性へと回路づけられた性愛の社会的な制度なのである。私が女に発情せずに男のみに発情するとしたら、それが欲望の自然だと、何を根拠に言えようか。

6　セリバシーとモノガミーの復権

性の正常／異常についての規範が解体していく中で、特権的な性の所在を求めて、新たな制度的な禁忌への動きが現われる。それは自発的なセリバシー（禁欲）とモノガミー（一夫一婦婚）である。アメリカのコミュニティペーパーの「交際求ム」という投稿欄で、今もっともポピュラーなのは「行きずりの関係に飽きたあなたへ。もっと安定した持続的な結びつきがほしくありませんか？」という文句だ。それが不特定多数の読者に向けた匿名の投稿欄に掲載されるというのは一つの皮肉にはちがいないが。

モノガミーは、性を局在化《ローカライズ》することで特権化する伝統的な——実はたかだか三〇〇年の歴史しかない近代的な——装置だし、他方セリバシーは、性を禁忌することで遍在化されるいわば修道僧／修道尼の同胞愛的ユートピアである。ハーバード・リチャードソンは『尼・魔女・娼婦——セックスのアメリカニゼーション』(一九七七年)という本の中で、性の進化論的なゴールを、シェーカー教徒の禁欲的な宗教共同体の汎性主義《パンセクシャリズム》に求めている。ここでは不定型《アモルフ》なエロスが、性交の禁忌によって逆に遍在化している。聖テレサにおけるように、法悦こそが、至高のエクスタシーだからである。

　モノガミーとセリバシーの復活は、キリスト教中世における婚姻の秘蹟と、僧院の聖域の、そのままの再現に見える。禁忌が強制によってではなく自発的に守られるところがかつてと違うとしても、どんな禁忌も内面化されることによって自発的に守られてきたにはちがいないのだ。性革命が性についてのどんな規範も解体したあとに甦ってきたのが、もっとも純粋なかたちでの近代主義的な性規範だというのは、あまりのカリカチュアではないだろうか。

　外在的な制度に訴えない、もう一つの最終的な内在的な性規範は、セックスは、やりたい時に誰からもそれを抑圧されず、やりたくない時に誰からも強制されない、という規準である。「誰からも」には、社会的な検閲を内在した超自我を含む自分自身からも、という意味が含まれる。しかし、再び、欲望が文化的に成型されるほかないものならば、「やりたい」時と「やりたくない」時とを判定するのは誰なのだろうか。規範の内面化という蟻地獄の中で、自己の欲望の自然に忠実であろうとすればするほど、人はそこに何も映っていないことに気づいていく。みんなビョーキ、の社会では、正常という観念もまた、解体していくほかないのである。

II

4　主婦論争を解読する

「女は家庭の幸福を放棄しなければ出世できないのか！」

と言ったら
「男だって、とっくの昔に家庭の幸福なんて放棄してるじゃないか」

と友人に嗤われた。彼に言わせると、

「女は結婚しないことによって家庭を犠牲にしているかもしれないが、男はバカだから結婚した上で家庭を犠牲にしている」

と言うのである。

青木雨彦『家庭の幸福』(1)

1　主婦論争の課題

塩沢由典氏は、『思想の科学』一九八〇年二月号の「生活の再生産と経済学」と題する論文の中で次のように書いている。

主婦労働をめぐる価値論争が、一九六〇年、安保闘争のさなか、磯野富士子により提起されて以来おおくの論者の手をへてつづけられてきた。その論争をふりかえってみると、(1)対象（現実）を構築するための概念系構築のための試み、(2)現実社会をどう捉えるか、認識しているか、(3)いかなる価値体系をつくりあげるか、あげるべきか、(4)ある考え方が運動（あるいは階級闘争）に有利か不利か、前進的か後退的か、の四つの問題が、ときにとんでもなく混乱されたまま議論されてきたと気づく（一〇五頁）。

塩沢氏はつづけて、「女の運動は、すぐれて理論的な作業を必要としている。(1)(2)(3)のどの問題領域についても、それが言える。……それは(4)の、しかも当面の有利、不利とは一応独立にすすめられねばならないし、そうなるだろう」（一〇五頁）と述べている。私はそれをうけて、主婦をめぐる論争の錯綜を解きほぐすために、一つの理論的な視座を提供したいと思う。それは塩沢氏の論法にしたがえば、(1)理論的な概念系を提示し、(2)その中で現実の社会を位置づける作業であるが、それは同時に(3)「どういう社会がのぞましいと考えるか」という問いと不可分であるために、価値体系構築の試みでもある。しかもそれは(4)当面の運動への機能、逆機能の判断とは切り離された、原則論の立場でなければならない。原則論的な理論的考察は、私たちに、思考のゼロ座標を与える。この光源から、様々な論調の曲率が浮かびあがる。そのような光源を獲得する作業を、以下に試みてみたいと想う。

2　主婦論争の見取図

戦後の主婦をめぐる論争には、すでにいくつかの研究があるが(2)、いまここで、もろさわようこ氏の言葉を借りて(3)まとめ直せば、三つの流れを指摘することができる。

一九五五〜一九五九 第一次主婦論争	一九六〇〜一九六一 第二次主婦論争	一九七二 第三次主婦論争
①職場進出論 →	家事労働無償論 →	
↔	↔	
②家庭擁護論 →	家事労働有償論 →	
③主婦運動論 →		主婦解放論

①経済的自立のないところに人格的自立はない。経済権の確立に加えて、現状打開のためにも主婦状況をまず打ち破ることを志向する。

②家庭は愛情関係による人間未来の生活の場。社会に対しても重要な機能を果たしている。主婦労働の価値をとらえ直すべきだ。

③労働力を商品化しないでよいという主婦の特権的立場を利用し、人間物化の現状をうちこわす道をさがし、そのための努力をする。

ここでは、一九七〇年代の『婦人公論』誌上での主婦論争を、第三次主婦論争とし、最近の主婦論の成果をも射程に納めつつ、主婦論争の錯綜を読み解く手がかりを探りたい。

主婦をめぐる論争には、つねに共通する二つの論点が含まれている。その第一は、主婦が担当する家事・育児労働が、暮らしの維持に関わるために、そのような個別化された私生活（私たちはそれを「家庭」と呼んでいる）が、守るべき価値のある何ものかなのかどうか、ということである。暮らしに関わる労働の総体は、人間の生活がどう変わろうとも、ゼロになりはしない、問題は、それが私的に処理されるべきか、公的に処理されるべきか、という点にある。私たちは、家事労働の処理をめぐって、家庭擁護論と家庭解体論の対立を見てとることができる。前者は「家庭への解放」であり、後者は「家庭からの解放」である。

第二は、家事労働が必要労働（有用労働）であるとして、その担当を性別固定（性別役割分担）することの是非をめぐる問題である。主婦がたまたま私的な労働に従事しているために、家庭をめぐる性分業（「男は仕事・女は家庭」）だけが取沙汰されがちであるが、労働が社会化されても性別役割分業がなくならない（「男向きの仕事・女向きの仕事」）ことは、見落とされやすい。育児が社会化しても保育者はあいかわらず女だし、女性は職場でも男性の「女房」役を演じつづけている。しかし、性差別が否定されるべきであるとしても、性分業が性差別につながるかどうかについて、論者の意見はまちまちである。「産む性」であるという「女の特性」は、(1)事実上ハンディではあるが道義的に差別の理由としてはならないのか、(2)全く差別の根拠にならないのか、それとも(3)むしろもっと高く評価されるべきなのか。それにともなって、性分業の水準は、現状維持されるべきなのか、極小化されるべきなのか。

労働の私的性格と、性分業をめぐる論点は、それぞれ論理的に独立している。前者を「家庭擁護論」対「家庭解体論」の対立、後者を「性分業肯定論」対「性分業否定論」の対立と捉えると、論点の組み合わせには、図1の四通りが考えられる。

図1

	家庭擁護論	家庭解体論
性分業肯定論	Ⅰ	Ⅱ
性分業否定論	Ⅲ	Ⅳ

図2

		家庭 擁護	家庭 解体
性分業	肯定	Ⅰ ⊕伝統的家庭論 ⊖家庭「解放区」論	Ⅱ ⊕「職場進出」論 ⊖社会主義婦人解放論
性分業	否定	Ⅲ ⊕タコツボ解放論 ⊖両性自立論	Ⅳ ⊕「独身社会」論 ⊖「共同体（コンミューン）」主義

これらの論理的な立場は、くりかえすが、「当面の運動への機能、逆機能」にはかかわらない。というのは、いずれの論者にも、論理的な立場を同じくしつつ、解放派も体制派も、共存しうるからである。それどころか両者は、ネガとポジのように、見事な符合を見せて対応している。いまそれぞれの論点につ

いて、現状維持もしくは延長派⊕と、現状変革もしくは解放派⊖の立場を、代表的に、ネーミングして掲げてみれば、図2のようになるだろう。

私の課題は、以上の分析枠を手がかりとして、Ⅰ～Ⅳのそれぞれの立場の難点を明らかにし、互いに相対化していくことである。議論をフェアにするために予め私の立場を明らかにしておけば、Ⅲ⊖の「両性自立論」（生活者としての男女の自立と平等）がそれである。そのために、以下の作業は、(1)性分業肯定論に対しては否定論を擁護し、(2)家庭解体論に対しては家庭を擁護し、(3)それぞれの現状維持型と変革型の双方を、同時に克服していく、という困難な課題をこなすことになる。それは同時に、主婦論争を「家庭論争」として解読する、という作業を果たすことでもある。

ここで「家庭」という言葉を定義しておこう。私は「家庭」を「性と生殖という人間的自然にもとづいた、ある程度持続的な、私的・個別的関係」という意味で用いる。その意味での「家庭」は、人類史に普遍的である。家父長的な「家」制度は、「家庭」の歴史的特殊ケースにすぎない。「家」制度を否定することは、「家庭」を否定することを意味しない。

「家庭」はまた、実体的な「生活の共同」をその基盤としている。「生活の共同」の水準を引き上げて、これを社会化した時に、「家庭」は存立の物質的基盤を失う。「家庭」を認めるとは、「生活の共同」の私的な境界（私的な領域と公的な領域の境界がどこにあるにしろ）を認めることである。「生活の完全な社会化」も「社会の大家族化」も、いずれも社会の成り立つ原理を一元化しようとする意図において変わらない。私は私的な領域と公的な領域が、互いに侵し合わない（その必要もなく、そうしてもならない）多元的領域であることを認めた上で、家庭擁護論の立場に立つ。
以下に、各論調の代表的な論客を挙げつつ、自他の立場を明らかにしていこう。

1　性分業肯定論×家庭擁護論

伝統的家庭観

「男は仕事、女は家庭」に代表される伝統的な性分業型家族観がこれであり、第一次主婦論争の中で、坂西志保、福田恆存、邱永漢らがこの立場を唱えた。近代化の過程で産業化と職住分離の結果、公的領域が生産に、私的領域が消費にそれぞれ特化し、おのおのの領域に男と女が性別役割固定するに至った。伝統的家族観とは、産業化以降（日本ではたかだか百年）の伝統にすぎない。前近代の農耕社会では、一家は生産を共同する「労働団」（梅棹忠夫）だったのであり、生産と生活への性別特化は起こりえなかった。しかもこの性的アパルトヘイト（分離策）は、産業社会の成熟にともなって、国民が小商品生産者（家業経営）から雇用者へと転換していく中で、ますます浸透し、定着していく。「国民総サラリーマン化」（「みんな中流」意識の物質的基盤の一つがこれである）の中で、女性の私的領域への封じこめも、大衆化していく。産業化先進国の女性問題は、この社会的背景を抜きにしては理解できない。ウィメンズ・リブの声は「富める国の富める階層の女性」[4]の中からあがったが、それは「ぜいたくなわがまま」と一蹴されてはならない必然性を持っていた。夫たちが「総サラリーマン化」したことに見合って、妻たちが「総専業主婦化」（少なくとも意識の上で）した時に、女性の閉塞状況は、完成したからである。

家事労働有償論

「性分業肯定論×家庭擁護論」のもう一つの変種は、第二次主婦論争の争点となった、家事労働有償論である。伝統的家庭観では、家事労働に価値を認めつつも、それは金銭に代えがたい尊い労働であるとか、無償の献身や自己犠牲こそに価値がある、と主張されてきた。それに対して、家事労働有償論の画期的な新しさは、交換価値が優位となった社会で、家庭の中にも交換価値の原理を持ちこもうとしたところにある。

磯野富士子の所論に対して社会主義陣営が与えた反論は、「家事労働は、使用価値は生むが交換価値は生まない」という自明の事実だった。それはマルクスの用語で家事労働を記述したにすぎず、「家事労働は有償である」とする説も、家事労働は「交換価値を生まない、だから無償である」とする説も、いずれも、交換価値の原理で社会の全域をおしなべて一元化しようとする点で、全く対応していた。

双方の立場が、ともに気づかなかったのは、交換原理の成り立つ社会的領域には、境界があるという事実である。私たちは交換主体の当事者能力を欠いた対象（子どもや老人）と、交換を行なったりはしない。私的な領域が私的であるのはそのためである。

家事労働有償論が答えなければならなかったもう一つの課題は、家事労働が有償であるとして、金銭的報酬をどこから引き出すのか、という問いである——家事労働の受益当事者である子どもや老人からか、それとも夫からか（「夫の給与の半分は妻のもの」）、企業からか（「一家を養える給料を父チャンに」）、国家からか（主婦年金制）。報酬源がいずれの場合も、解決しなければならない困難な課題があるばかりか、もっと決定的なことは、こうした議論の全体が、家事労働への性別固定を全く不問に付しているということである。それどころか、五〇年代に職場進出した職業婦人たちは、労働運動の中で、家族給の引き上げを要求する労働者およびその主婦たちと、鋭い利害の対立を見せた。その限りで、家事労働有償論は「過渡期の産物」（水田珠枝）という留保条件をつけながらも、性分業の現状固定を招くとの批判を免れないのである。

家庭「解放区」論

日本の「家制度」が、封建遺制どころか、明治政府の発明品だったことは明らかである。明治民法は、公私の分離とそれへの性別固定に、制度的表現を与えたものである。旧民法下の家族制度は、女性の疎外と抑圧の元凶であったかもしれないが、だからと言って、家族の解体を叫ぶことは、「たらいの水ごと赤ン坊を流す」愚挙であろう。公から分離されたものとしての「私」領域を、現状維持派とは全く逆の視点から擁護するのが、松田道雄である。彼は『女と自由と愛』（岩波新書、一九七九年）の中で、「家庭こそが管理社会の解放区」（二〇二頁）だとして、市民的自由を守る砦として、家庭を解体から守る必要を説いている。

リベラリストである氏の主張には、戦後の反体制運動の中で、「社会主義という専制」に絶望してきた苦い思いがこめられている。社会の多元的な領域は多元的な価値の拠点となる。だから社会を一元化しようとする体制は、私的な領域を掘り崩そうとする。スターリン治下のソ連で、子どもが親を密告する事実を見た私たちは、一元的な社会に剝き出しにされた裸の個人が、どんなに無力かを知っている(5)。

しかし、家庭を守るべき何ものかと考える氏が、その担い手を女に割りあて、そうするように女を励まし始めた時から、氏の論調は、保守派の家庭擁護論と奇妙な符合を見せる。たとえば、職場進出論におだてられて主婦が外に出て働くと「その労働条件が悪いと、いままでひとりの男尊女卑に苦しんでいたのが、さらに何十人、何百人の男の男尊女卑に苦しまねばならないことになります。」（四七頁）と言うのは、福田恆存の言う「外に出て職場の男たちの横暴に耐えるよりは、家で一人の夫の横暴に耐える方がまし」と大した違いがない。「家庭経営を受けもつことを職業と考えたらどうなのでしょう」も、関島久雄の「（主婦よ）経営者としての自信をもて」と変わらない。性分業の矛盾は、主婦の「心構え」では解決しない、構造的なものである。

氏は、性分業の固定化を避ける処方箋として「外で働くか、家庭の中の仕事に専心するかは、当人が環境と能力と好みにしたがって、自分の意思で決めることです」と言う。だが当人の「環境と能力と好み」がどのように社会的に形成されるかという視点を欠いては、「（家庭経営のしごとは）確率として女がうけもつことがおおい」（傍点引用者）という現状追認に陥るほかはない。氏は性別固定を巧妙な言辞で避けているにしろ、私生活をめぐる性分業の現状を、基本的には認めているのである。

以上はいずれも、家庭内性分業を前提とした家庭擁護論である。その様々な変種を共に相対化する批判点は、以下のとおりである。

第一に、生産と生活をめぐる性分業は（男女いずれが分担するにしても）生活特化した側に、経済的依存をもたらす。経済的依存の中の自由は、極めて限定された自由である。自由とは、自己決定の能力であり、自己決定の能力は、実行能力に依存している。今日では実行能力の多くの部分が貨幣に支えられている。仮に「夫の好意」で妻が大きな経済力を行使しうるとしても、それはつねに、夫婦関係の破綻、夫の失業、病気、死亡などの、自己責任によらない脅威にさらされている。自己責任による自己決定能力と実行能力が「自由」だとすれば「主婦の自由」は見せかけのものにすぎない。

第二に、性分業は、性的アパルトヘイトをもたらすが、それが自己決定によらず社会的に行なわれる時には、「男らしさ」「女らしさ」の属性への人格の一面化が、男女双方にとって抑圧として機能することである。仮に性的隔離が自己決定によるとしてさえ、人間性の一面化を通じて人格形成へのある種の暴力が働いていると考えられる。文明が身体変形（文化的刻印として人間に加えられる入墨、身体加工、割礼など）を野蛮なものとして否定してきたのなら、同じように人格に加えられる文化的変形をも、私たちは否定しなければならない。

2　性分業肯定論×家庭解体論

資本主義的家庭解体論＝職場進出論
社会主義的家庭解体論＝社会主義婦人解放論

第一次主婦論争と第二次主婦論争は、ⅠとⅡの間の論争であり、それはつづめて言えば、家事・育児労働を、家庭内で個別化したままにおくのか、それとも社会化すべきなのか、をめぐって争われたと言っていい。家事・育児社会化論の立場を仮に家庭解体論と名づけてよいと思うが、家庭解体への処方箋は、第一次と第二次とでは違っていた。第一次主婦論争での職場進出論は、主としてその資本主義的解体（家事・育児の市場化）を説き、第二次主婦論争で家事労働無償説を唱えたマルクス派の経済学者たちは、体制変革によるその社会的有用労働化—家庭の社会主義的解体（家事・育児の社会化）を説いた。しかしいずれの立場も家事を必要悪と考え、代替可能な家事労働は極力外化した方がよいと考える点では、全く一致している。

ふたつの社会化論の描く、家庭解体後のユートピアは、次のようなものである。資本主義的解体論では、女性は未婚・既婚に関わらず職業を持ち経済的自立を果たす。無償であった家事労働は市場化して、人々は労働で得た賃金でそれを買うようになる。既婚婦人労働者が既婚女性全体の過半数を超えた今日では、好むと好まざるとに関わらず、職場進出論者の意図した社会はすでに現実化している。共稼ぎの主婦は、共稼ぎを続けるために家事省力化機器を買い、加工食品や外食産業のお世話になり、そうやって拡張した生計規模を維持するために、かえって働きつづけなければならない。

他方、社会主義的解体論の描く社会は、健康な成人なら男女を問わず生産労働に携る社会で、そのような社会では、家事・育児は共同化され、個別家族は集団的母性や集団的父性へと止揚される。キブツのような共同体がその実践例であろう。キブツが家族の全き否定に失敗したことは割り引いて、この社会主義的理想郷をひとまずは受け容れておこう。

資本主義的解体論と社会主義的解体論の間には、互いに批判の応酬がある。現体制を維持・承認したままの職場進出論は、今まで男だけがさらされていた資本による搾取と抑圧の下へ、女たちも押しやることによって、資本による支配を一層拡大するだけだという批判がある。これに対しては、専業主婦が直接資本に賃労働を売らない事実だけをとり上げて、女たちが資本による搾取から免れていると考えるのは、全くの謬見だと答えるべきであろう。もろさわようこ氏は「現代社会では働くこともまた悪なのだ。いまの社会では私たちはどっちへころんでも（働いても働かなくても）悪しか生きられないようにさせられている」（『主婦とおんな』一七六頁）と述べる。働かないことによって他人の労働に寄食することも、無罪というわけにはいかないのである。

ふたつの家庭解体論に対して、両者を共に相対化する私の批判点は、二点ある。

第一は、性分業否定説の立場からの批判である。ふたつの社会化論は、実は性分業を主要な論点とはしていない。「女も生産労働を」という主張の中には、どちらかと言えば職業や家庭における性分業を否定する立場が出てくる。だから男の料理人や女の機関士がいてもおかしくはないわけだが、積極的な性分業否定説を欠いた社会化論は、家庭内の個別的性分業の代わりに社会的性分業を置き換えるだけになってしまう。キブツのような集団でも、保母や炊事人を担当したのは女性であり、なるほど保育や炊事は社会的有用労働化したけれども、あいかわらず「女の仕事」であることには変わりがなかった。同じ労働が私的に処理されれば「必要悪」で、社会的に職業として見なされれば有用だというのは奇妙な話である。「女の特性」が職業と結びつく限り、女性の最古の職業である娼婦も、母性を商品化する保母も、女性への抑圧という点（「それしか売れない」）では変わらない。女性の職場進出がすすんだ今日では、すでに職業間の性別階層制が確立している。夫が管理的・専門的職業に従事し、妻が補助的・単純労働に従事しているという職業上の分業は、男女間の「階級差別」でなくて何だろうか。たんに労働が社会化されるだけでは、性差別からの解放にならないのは、多くの「社会主義国家」で実証済みである。

第二は、家庭擁護論の立場からの、解体論批判である。社会主義婦人解放論は、女性解放の戦略として、一貫して家事・育児の社会化を唱えてきている(6)。職場進出論は家庭の位置づけに対して曖昧だが、社会主義婦人解放論は、家庭解体に対して自覚的である。ブルジョワ的個別家庭こそが、小市民的保守主義の温床であり、女性を（男性も）「家庭から解放」することが必要だと考えているからである。この立場の論者は、八〇年代の今日になってもあいかわらず、家事・育児の社会化が婦人解放の万能薬だと考えているふしがある。

この人々に対しては、自ら社会主義運動にコミットし、次いでそれに失望した松田氏の、苦渋に満ちた次の言葉を呈すれば十分である。「どんな社会の仕組みになっても、一夫一婦でつくりあげた解放区として家庭への干渉はゆるされないという身構えは、日常の尊重からしか生まれません」（前掲書二一一頁〜二一二頁）。

家庭という基礎的集団から剝き出しにされた個人は、国家の管理体制にやすやすと搦めとられてしまうこと、その家庭の実体は、家事や育児というトリヴィアルな日常の中にしか具現しないこと、日常の中で個別性を愛せない人間が、普遍性へ達することなどできないこと（個別性への愛着を欠いた個人は、逆に普遍的シンボルによる遠隔操作に、かんたんにひっかかってしまう）などは、もはや多言を要さないだろう。

性差別に敏感であり、それゆえ性分業を最もラディカルに否定し、したがって性分業の温床でもあった家庭の解体にもっとも自覚的な人々は、ウィメンズ・リブの人々である。ウィメンズ・リブと言ってもその内容は多様だが、松田道雄の分類を借りれば、大別して戦前の「示威型」（青鞜社）と「被害者運動型」（婦人矯風会）の系譜が、一貫して流れていると見てよい。別言すれば、強い女による「個としての女性解放」と、弱い女による「種としての女性解放」(7)が、多様な矛盾を抱えたまま、共存していると言っていい。両者は、女性解放論のエリート主義 Elitism と大衆主義 Populism と言い換えてもよい。

3 性別役割分業否定論×家庭解体論

「独身社会」論

「個としての女性解放」をめざす立場の人々が描く社会の理想状態とは、能力のある女性が男と対等に仕事をし、あまつさえ強い「未婚の母」となるような「独身社会」bacheler society である。桐島洋子さんのような人が、そのお手本であろう。「独身社会」状況は、先進資本主義国ではとっくに現実化しつつある。欧米諸国では婚姻率の低下が始まっており、離婚率も上昇している。「独身社会」をエンジョイするためには、出産・育児はコストにしかならず、そうなれば育児性分業にもとづいた結婚が、やはりコストにしかならないのは、自明のことである。「独身社会」では、種の再生産は行なわれるのか？　「強い個」にとって、育児は最高にぜいたくなレジャーとなるだろう。こうして独身社会には、強い「未婚の母」たちと、その「恋人」の種つけ男たちが生活することになろう。男にとって、性を享受し生殖に責任を負わずにすむ社会は、一つの「男のユートピア」に違いないが、そういう社会は、同時に男性を生殖から排除してもいる。「女の腹は借りもの」が女の疎外なら、「男のタネは借りもの」もまた、男の疎外にほかならない。しかし久しい間、男による疎外を受けてきた女たちが、男を生殖から排除することによって、男を逆差別しているのだとしたら、これは悪意に満ちた報復だと考えるほかはない。

「共同体（コンミューン）」社会論

ウィメンズ・リブのもう一つの系譜は「男なみ」を目ざすエリート主義的女性解放論に鋭く対立する。「あたりまえの女の自己解放」をめざすこの人々は、女の特性をそのままで肯定しようとし（「女はすべて美しい」という標語は“Black is beautiful”に対応していた）、そして「女の特性」とは、詮じつめれば、女が「産む性」であることに帰着した。この立場の人々は「種の再生産の論理」を「物質再生産の論理」につきつけ、「種の再生産」の側へ男をまきこんで、両性の解放を同時に果たそうとする根源性 radicalism を持っていた。この人々は、性分業の否定を、職業生活の場ではなく、家庭生活の場でよりラディカルに実践しようとした。しかし、この人々が夢想し、あるいは試行錯誤的に実践した理想郷は、エリート主義者たちの描く「独身社会」と、これまた奇妙な符合を見せている。彼女たちの作り上げたコンミューンは「未婚の母」と「母のつれあい」の男性たちとからなる。「人が人を所有する」家族関係の否定に急なあまり、個別的な母子関係や父子関係は否定される。「子どもは集団の子」という考え方は、理念であっても現実でありえない。高等動物はどれも個別の母子関係を認知する。社会関係はその個別の関係を基盤にしか展開していかない。人間的自然の肯定から出発したはずの「種としての女性解放」論が、自然的な人間関係の否認に至るのは、皮肉な成り行きと言うほかはない。出かけていく母親を慕って泣く子どもを前に、「母がいなくて泣くような子に育てた」と仲間から糾弾を受ける母親の姿には、痛ましさを覚えないわけにはいかない。

「女と男と子どものコンミューン」が、家族の否定なのか、拡大された家族なのかは、それらのコンミューンが泡沫《うたかた》のように離合集散をくり返している現状では、その行く末を見届けることができない。もともと理念先行型の運動でないためになおさら、これらの人々の試行の行く方はつかみにくい。ただ、この人々が一夫一婦制による婚姻を否認し、家庭解体を目ざしていることは確からしい。

人間の個別的な関係が、対偶関係（ペア）の中にしか成り立たないこと、もっとも基本的な対偶関係とは、一対の男女の性関係（これを一夫一婦制とよぶ）であることを考えれば、それを否認することは「共同体に剝きだしの」個人を生むに他ならないこと、「共同体」もまた一つの「国家」でありうることは、多くの共同体の実践が示しているとおりである(8)。

4　性別役割分業否定論×家庭擁護論

私の立場は、人間的自由の砦としての私生活の拠点＝家庭を擁護しつつ、その内外での性別役割分業を否定する立場である。この立場に比較的近いのが、第三次主婦論争の口火を切った武田京子（「主婦こそ解放された人間像」）である。

人間を『生活』と『生産』という二つの機能を持つ部分に分けて考えるなら、職業を持たない専業主婦たちは、一〇〇%の生活人間である。男性とか共働き妻たちは、主体は生産人間であって、残るわずかの部分で生活人間である。

『生産』よりも『生活』に価値をおくという主婦の論理を、男性も働く女性もまきこんで押し広げていくことが……まず第一になされねばならない。

武田氏の論は、それまでの女性解放の資本主義的解決（職場進出論）にも社会主義的解決（社会主義婦人解放論）にも痛烈なノーを投げつけ、高度成長期の生産優先の論理に別れを告げる点で、価値の転換を示すエポックメーキングな説であった。しかも、主婦のこの自信と余裕が、一億総中流化をもたらした当の高度成長の産物である点でも、時代的であった。

武田氏は、「私たち主婦の人間的な暮らしをすべての人に！」というスローガンで、性分業に反対しているが、当面は、生活人間としての主婦の立場を肯定している。主婦の「自由」が「依存の中の自由」でしかないことは繰り返すまでもないが、それを別にしても、武田氏への私の基本的な批判は次の一点である――すなわち、一〇〇%「生産」特化が疎外なら、同様に一〇〇%「生活」特化もまた、疎外に他ならない、と。

武田氏が提起した、現状変革派からの家庭擁護論は、従来の女性解放論にはなかった全く新しい視点をもたらした。その間の事情を辺輝子氏は次のように書いている(9)。

政府やマスコミのみならず、いわば運動の側においても家庭再評価の声は高い。公害絶滅、物価引き下げ等をめざして展開されつつある消費者運動、地域住民などにおける家庭論がそれである。ウーマン・リブ運動が女性抑圧の元凶として告発した家庭が、ここではむしろ、社会的抑圧廃止のための拠点として積極的位置を付与される。家庭制度解体とは全く逆に、現実に進行している家庭破壊現象から家庭を守ることこそ、運動の目標とされるのである。

現状維持派の家庭擁護論と、現状変革派の家庭擁護論の違いは、性分業に対する態度である。性分業を否定した家庭は、従来の姿から大きく変容を迫られる。家庭擁護論は、家庭の廃棄をではなく家庭の問い直しを、迫っている。布施晶子氏は、一九八〇年の今日、主婦論争をふり返って、「家庭の問い直し」の意味を、次のように述べている(10)。

(婦人の問題解決の方向)は、主婦業に専念する主婦の家族をも含めて、全体社会における家族の位置づけ、個別の家族における夫婦、親子の絆のあり方をも問う、あらたなる家族のあり方の模索にもつながる方向である。「主婦」と「仕事」の問題の追求は、全体社会における女性の位置づけと、家族の位置づけの狭間にあって規定されつつも、同時に全体社会における女性の位置づけと家族の位置づけに大きく変容をせまる内容をもはらんでいるといえよう（（　）内引用者）。

家庭の論理、生活の論理を尊重しながら、「個別の家族における夫婦、親子の絆のあり方」を問い直している誠実な実践者たちの集団を、私たちは「男の子育てを考える会」(11)に見ることができる。彼らは必ずしもコンミューン至上主義でない、「あたりまえの生活者」たちである。彼らは個別の家族を尊重しつつ、その内部での育児性分業の見直しを試行している。

この立場に対する他からの批判を予想するとしたら、次のようなことだろう。

第一は、生殖の領域においてさえ（出産と授乳を除く）性分業を完全に否定したら、もはや男・女の区別は意味を失い、ユニセックス化が進行する一方ではないか、というものである。性差別を、分業にもとづいた非対称的な社会的性差から帰結する格差と捉えれば、その意味での性差は当然縮小するであろうが、男女を対偶関係へ向かわせる力としての生理的性差や心理的性差はなくなりはしないだろう。それでなくとも、性差は個体差より小さいことが明らかになりつつある今日では、ユニセックス化を嘆く声は、性差を社会的に固定しておきたいというノスタルジーにすぎない。

第二に、男も女も同じことをするのなら、育児性分業にもとづいた家庭を、婚姻によって成立させる必要はなくなる、という考えがある。しかし、家庭内での性分業が縮小しても、「性と生殖という人間的自然にもとづく個別的・私的関係」はなくならないし、なくすべきでもないだろう。

予想される批判は、いずれも皮相なものにすぎないが、もしこの立場に疎外形態があるとすれば、次のようなケースだろう。それは、家庭が孤立した慰安を求めるタコツボ的な「解放区」として、労働疎外を代償的に補償する「私生活主義」に陥っていく場合である。「日曜日に夫婦でクッキング」してみても、それは週の残りの六日の疎外状況への、代償的慰藉にしかならない。その現象はすでに高度産業社会で起きている。アメリカでは、代替不可能なアイデンティティ回復の場として、夫婦関係を維持していこうとする男女の努力は涙ぐましいばかりである。

こうした危険を指摘して、体制のあり方が変革しないままで、家庭擁護を唱えることは、体制への補完効果しか持たないという批判を抱く人々には、次の二点を答えたい。

第一に塩沢氏の言うように「当面の利害」で理論的・価値的な立場を批判するのは、論点のすりかえだということである。私たちに求められているのは、原理的な立場をどこに置くかということで、それはさしあたり、「当面の有利・不利とは独立に」すすめられねばならない。

第二に、生活者としての私たちは、「体制変革」の以前にも、依然として日常を生きつづけなければならない。日常が「目的への手段」に貶価されず、それ自体過程として自己目的的に尊重されるためには、日常の感性と実践に拠るほかなく、そのような過程として今、私たちの多くは自分たちの家庭生活を営んでいる。いま・ここでのささやかな解放がなければ、将来にわたっても全面的な解放なぞありえないことは、戦後の反体制運動の中で、私たちが学んできた重要な教訓の一つであった。現状の家庭を廃棄して、ありうべき家庭がもたらされるわけではなく、現状の家庭の日々の変革の中にしか、ありうべき家庭は遠望されないと知るべきだろう。

3　女性解放の戦略

以上のような原則的な立場から、女性解放のための戦略を考えると、どうなるだろうか。そのための戦略は、(1)市場化と社会化というふたつの家庭解体論に抗して家庭を擁護し、(2)「生産」特化と「生活」特化というふたつの特化に抗して性別役割分担を否定する、という、困難な多正面作戦となるだろう。

前者から述べよう。市場化的家庭解体論は、女性を「私的抑圧」から「社会的抑圧」へ押しやるだけで、性差別の現状を少しも変革しない。他方、社会化的家庭解体論は、「家庭」を極小化することによって市民的自由の抑圧をもたらす。これらの立場に対しては、家庭を抑圧の拠点としてではなく解放の拠点として問い直す作業で答えたい。

後者の立場に対しては、人間の一面的な属性へのあらゆる「特化」は、人間の全体性の疎外であるという立場で答えたい。「生活」特化した女が「生産」から疎外されてきたように、「生産」特化した男もまた「生活」から疎外されてきたのである。

以上のような戦略に沿って、これまでの女性解放論が示してきた処方箋には、次のようなものがある。

第一の解決法は、性分業をそのままにして、ただ性固定を避けることである。男も女も、「能力と好みにしたがって」家の仕事・外の仕事を自由に選んでもよく、それは一対の男女の間の「契約」にもとづくから、互いの仕事に上下関係はないとするものである。

私たちは以下の理由でこの方法を肯定するわけにはいかない。(1)男女の「能力と好み」がどのように形成されるかという社会化論の視点を欠いては、性別役割交替の可能性は全く現実性がなく、「確率として」男が仕事・女が家庭になるのは目に見えている。(2)このような状態で、役割の「自由な選択」を強調することは、実際には「強いられた役割」を意識の上で「選ばれた役割」にすりかえてしまうことになる。(3)経済価値が家庭外の仕事にしか結びつかない以上は、「外の仕事」と「内の仕事」との間の格差は、「心構え」によっては解消しない。(4)一対の男女の「契約」は、全く恣意的であり、その一方によっていつでもかんたんに破られる。(5)性分業がある以上、男女を問わず、「生産」特化と「生活」特化はなくならない。

第二の解決法は、性分業を肯定するか否定するかの「選択の自由」を、とりわけ女性に認めようというものである。

松田道雄氏は書いている。

外で働くということだけで、女の自立のためにたたかうことになるとも思いませんし、専業主婦になっているからといって、女の地位を低くしているとも思いません。外で働くか。家庭の中の仕事に専心するかは、当人が環境と能力と好みにしたがって、自分の意思で決めることです（前掲書三

〜四頁)。

見田宗介氏もまた、「職業か家庭かという論争はすでに決着ずみである」として、いささかいらだたしげな口調で、次のように書いている(12)。

自分が職業に生き甲斐を見出すならば、そこでだまっていい仕事をつみあげていけばよい訳で、家庭に生きることをえらんだ女性までひっぱり出す必要はない(四四八頁)。

家庭に生きたい女性は働きに出なくてもやっていけるようにし、仕事に生きたい女性は存分に力を発揮できる体制にすることが、理想的であることはいうまでもない(四四九頁)。

「選択の自由」という標語は、専業主婦にとっても、有職主婦にとっても口あたりがよい。この標語に、役割の性別交替可能性について論じた(1)、(2)の批判点がそのまま当てはまることは、まずおこう。「選択の自由」を保証するための諸条件の整備のうち、たとえば、専業主婦の地位を保全するために夫の賃金への妻の寄与分を認める闘争が、有職女性の増加によって賃金体系が家族給から職務給へ転換を迫られることと矛盾する可能性とか、また主婦年金の構想が有職女性の利害と対立する可能性とかについても、ひとまずは留保しよう。有職女性と専業主婦が「お互いの立場を認めあう」というのは、両者の混成群である女性団体では暗黙の美風になっていて、対立は顕在化されにくい。

しかし見田氏の言うように、問題はほんとうに「決着済み」なのだろうか。私の敬愛するリベラルな思想家たちが、口を揃えて「選択の自由」を言う時、私は、女の問題はまだまだ「決着」に道が遠いことを慨嘆しないわけにはいかない。

「仕事か家庭かは選択の自由」説に承服しかねるのは次の二つの理由からである。

第一に、人間は誰でも仕事をするかしないかの「選択の自由」を持っている。しかし資産のない庶民が「仕事をしない自由」を選ぶことは、「飢えて死ぬ自由」を選ぶことと同義である。就業を拒否するヒッピーたちは、金銭や安定や成功を代償に、彼らの自由を行使している。専業主婦が、「仕事をしない自由」を選ぶのは、夫の経済力への依存が前提である。飢えて死ぬ危険を冒さずに「仕事をしない自由」を行使できるもう一つの人種は、親の資産で食べていける有産階級の子弟である。両者は共に「他人の労働」に寄食している。ところで、結婚は、女性にとって自己の帰属階級を選び直す唯一のチャンスである。もし私たちが、有産階級の子弟の「幸運」を羨む代わりに、自分の責任によらない他人の過去の労働への寄食を非難するなら、同じように、「玉の輿」にのった女性の幸運を言う代わりに、夫という他人の労働に対する妻の寄食を認めるわけにはいかないだろう。武田氏のいう「主婦の自由」は、夫の経済力への依存＝寄食が可能な階層にのみあてはまる。武田氏の「解放」とは、「ヒモの自由」「女衒の自由」に等しい。だから武田氏も「生活のために働かなければならない主婦はべつにして」と留保をつけざるをえない。この点で、私はもろさわようこ氏にならいたい。

「己のパンは己でうる」ことを……私は原則としておさえておきたい。そうでないとパンのために働かなくともよい特権的な場で生きている人たちの存在を肯定することになってしまう(13)。

第二は、「選択の自由」が、専業主婦と有職女性の相互尊重をもたらすよりは、かえって両者の間の分断と相互差別をもたらすことである。「選択の自由」を行使して働くことを選んだ女性は、専業主婦から見れば「働かなくてもよいのに働く物好きな人」「職場と能力に恵まれた幸運な人」になる。他方「選択の自由」を奪われた不幸な働く女性の一群がいて、これらの人々は「働かなければ食べていけないかわいそうな人」となる。両者に含まれるのは「働く」ことへの差別意識である。「職場に恵まれた幸運な人」から「働かざるをえない不幸な人」までの間に、さまざまの女性が位置するわけではない。「働く」ことには強制と自由意志がふたつながら含まれている。生きがいと疎外が同時に含まれている。片方だけを選びとるのは難しい。同様に、働く女性の側からは、「専業主婦」になる「選択の由由」を行使した人は、「働かなくても優雅に暮らせる結構な身分の人」となるか、もしくは働く意志や機会を奪われた「家庭に閉じこめられた不幸な人」のいずれかになる。主婦的な生活状況は、その二面性を持っている。主婦的な状況を卑下するのも羨望するのも、「生活する」ことへの差別意識の産物である。

専業主婦と有職女性の間の分断と相互差別を止揚する途は、「生産」特化も「生活」特化もともに拒否すること、人間の生活には、働くことも生活することも、ともに同時に確保される必要があることを認めることである。この視点からはじめて、「生産」から疎外された専業主婦の痛みも、「生産」へと疎外された有職女性の、さらに男性の痛みも、共に分かち合うことができるようになるだろう。「選択の自由」説が曖昧に避けて通っている問題を人間の全体性の回復の問題として、私たちは原則的におさえておかなければならない。

このように考えていけば、第三の解決法であるライフ・サイクル論（出産・育児期は育児専業に、ポスト育児期には再就職を）の誤りもまた明らかである。人間の生活の多面性は、それをライフ・ステージの各段階に、タイム・テーブルのように割りふりできるようなものではない。生活・労働・余暇の多様な、最適の混合が、いかなるライフ・ステージにおいても確保されなければならない。受験生に向かって「将来のことはお母さんが考えてあげるから、あなたは勉強だけすればいいのよ」と説く母親の「分業」観が誤りならば、修業期・育児期・就業期といった人生の時間帯分業も（相対的な比重の指標として以外には）誤りであると言わねばならない。その上、この種のライフ・サイクル論が、ひとり女性にのみ課される不合理については、言うまでもない。

4　短期的な戦略と長期的な戦略

「両性解放」を目ざす人々の間で、男にとっても女にとっても、「家庭一、地域一、職場一」の生活の比重配分が理想だと言われている。この標語を批判的に検討しつつ、その含意を考えてみよう。

社会学では、人間の生活圏を三つに分かって第一次生活圏（家族および近隣）、第二次生活圏（職場、学校）、第三次生活圏（余暇空間）としている。それぞれの生活圏は物理的な空間によってではなく、そこで結ばれる社会的紐帯 social bond（これを「縁《えにし》」と呼ぼう）の型によって区別される。だから三つの生活圏はそれぞれ、住縁（血縁＋地縁）社会、社縁社会、知縁社会と呼びかえることができる。血縁と地縁はともに人間にとって非選択的な拘束性を持つ点で共通しており、血縁の実体は「居住の共同」をもって培われるから、両者をまとめて「住縁社会」と呼ぼう。社縁社会はゲゼルシャフトのこ とで、選択性を持っているが、産業化が職住分離をもたらし、生産の場が社縁社会に移った今日では、社縁社会の拘束性はきわめて大きい。知縁社会は、社縁社会と同じくゲゼルシャフトの一種だが、価値観やセンチメントを共有する非拘束的な「主体的な共同体」である。住縁社会と社縁社会は日常に属し、知縁社会は非日常に属している。住縁社会と社縁社会は人間生活にとって切実であり、知縁社会はその種の切実さを欠くが、だからといって知縁社会が無価値だったり不必要だったりすることはない。知縁社会は、人間が拘束されたアイデンティティから解放され、アイデンティティの全体性を活性化するために不可欠な領域である。

「家庭一、地域一、職場二」という標語のうち、「地域」ということばは、私の言う拘束的な住縁社会よりは、むしろすでにゲゼルシャフト化した「地域」（私の用語では「知縁社会」。のちに「選択縁」という用語を採用）を指している。

「地域」活動の具体例が、市民運動や生協活動であることからも、それは明らかである。しかし「知縁社会」はもっと大きな広がりを持っている。例えばエスペランチストは、グローバルな知縁社会に生きている。「家庭一、地域一、職場二」の標語の含意を私流に読み解けば、人間の全体的な生活のためには、住縁社会、社縁社会、知縁社会の「最適混合」が不可欠だということである。

この原則から、現状の女性や男性の置かれている状況に打開策を示していけば、以下のようになるだろう。第一に、男性には住縁社会へのより一層の参加を、第二に、女性には社縁社会へのより一層の参加を、第三に、両性に対して知縁社会へのより一層の参加を確保していくことである。

原則的な戦略の呈示はできたが、この戦略を個々の戦術と結びつけるには多くの道すじが要る。戦術論議は、本稿とは別途になされなければならないが、戦術論を欠いているからと言って、女性解放の原則的な戦略を混迷のままに放置しておいてよいことにはならないはずである。そのための議論は、これからも続けられなければならない。

注

（1）「男と女のト音記号」『週刊朝日』一九七九年一〇月二六日号、一〇七頁。

（2）神田道子「主婦論争」講座『家族』第八巻、弘文堂、一九七四年。駒野陽子「主婦論争再考」『婦人問題懇話会会報』二五号、一九七六年（ともに上野編『主婦論争を読む』Ⅱ、勁草書房、一九八二年に再録）。生活科学調査会『主婦とは何か』ドメス出版、一九六一年、他。

（3）国立市立公民館市民大学セミナー『主婦とおんな』未来社、一九七三年。

（4）「ひと」欄のルシル・M・メイヤー（国連「婦人の十年」世界会議事務局長）の発言。『朝日新聞』一九八〇年七月一四日付朝刊。

（5）佐藤忠男『家庭の甦りのために—ホームドラマ論』（筑摩書房、一九七八年）は、国家主義に対抗するものとしての個人主義を支える基盤が、家族主義にあることを論じている。
（6）たとえば多田浩子「家事労働はないほどよろしい」『婦人民主新聞』一九六〇年八月七日。また、『婦人問題懇話会会報』に掲載される多くの家事・育児社会化論も、個別化された家事・育児は「必要悪」にすぎないとする論調を共有している。
（7）上野千鶴子「種と個のあいだ」『おいこす・のもす』日本女性学研究会・女性と経済学分科会刊、一九七九年。（本書6章）
（8）新島淳良『さらばコンミューン』（現代書林、一九七九年）は、山岸会を体験した著者による、そのような「国家」としての共同体に対する痛烈な批判である。
（9）辺輝子「都市化と家庭論争」『婦人問題懇話会会報』第一八号、一九七三年、九頁。
（10）布施晶子他『現代日本の主婦』ＮＨＫブックス、一九八〇年、一四二頁。
（11）『現代子育て考Ⅳ—男と子育て』現代書館、一九七八年。
（12）見田宗介「職業と家庭の彼方に」『婦人公論』一九六八年七月号。一九七一年七月号再所収。引用頁は後者による。
（13）『主婦とおんな』一七六頁。

5　「主婦になる自由」の罠

1　「選択の自由」再論

前章で、私は、女性解放の戦略としてリベラルな思想家たちが主張する職業か家庭かの「選択の自由」について、その危険性を指摘した。その後、「選択の自由」説が、保守派をも巻きこんで合意を形成しつつあるように見える現在、「選択の自由」説の危険性を、さらに再論する必要を感じている。

また前章の結論部で、私は「選択の自由」説に代わる女性解放の戦略を示しておいた。引用すれば「第一に、男性には住縁社会へのより一層の参加を、第二に、女性には社縁社会へのより一層の参加を、第三に、両性に対して知縁社会へのより一層の参加を確保していく」こと、すなわち「人間の全体的な生活のためには、住縁社会、社縁社会、知縁社会の『最適混合』が不可欠」だと論じた。この主張は、見方によれば、女だけに適用される「選択の自由」から、男女両性に「選択の自由」を確保していく道と解することもできる。国連の女性差別撤廃条約やＩＬＯ勧告が、男性の家庭責任や育児参加を主張しているように、女性解放派の戦略は、男女両性に適用される「選択の自由」に、可能性を見出しているように見えるし、また私自身もそう書いた。今日解放派の間に合意を形成しつつあるこの「選択の自由」についても、しかしその後の論理の展開の中で、私はその陥穽を指摘したいと思うようになった。

もちろん現状の社会では、「選択の自由」は、男女両性についてはおろか、女だけについてさえ、いまだ実現されてはいない。しかし女性解放の戦略をおしすすめるにあたって、「選択の自由」説が論理的に行き着く先を予見し、その危険性と陥穽を考察することは、決して無益な作業ではないだろう。

2 「選択の自由」をめぐる合意形成

女性をめぐる今日の社会意識は、女性に職業か家庭かの「選択の自由」を認めるまでに許容度を増してきた。「選択の自由」とは、松田道雄氏によれば、女性がその「意思と能力と好みにしたがって」(1)生き方を決める自由のことで、その中には「キャリアウーマンになる自由」も「専業主婦になる自由」ももともに含まれる。

今日では、保守派でさえ、「わたしはべつ」「うちの女房はべつ」としても、「意思と能力」に恵まれた女性がキャリアを志向することを容認しており、かりにそうした女性が、ゆえなく就職差別や昇進差別を受けた場合には、「不公平」だから改めねばならない、とするところまで、合意が形成されてきている。つまり、女性が職業生活を選択することによって、不当に不利益をこうむらないように配慮すべきだ、という考えが支配的になりつつある。

他方、「主婦になる自由」を選択した女性たちに、解放派の方も寛大である。主婦は、必要かつ有用な労働に従事しているのだからそれを社会的に評価する方向をめざすこと、就労女性と違って、保険や年金等の恩恵に浴さない彼女らを、保護する方向に向かっている。民法改正で、妻の相続分が三分の一から二分の一に増加したことや年金法の改正による無職の妻に対する優遇措置、離婚時の財産分与をめぐる夫婦別産制から夫婦共産制への法令改正の動きなどは、女性が家庭を選択することによって、同様に不当に不利益をこうむらないようにすべきだ、という合意にもとづいている。

「選択の自由」説は、職業婦人と家庭婦人の分断を防ぎ、両者の支持をとりつける上で、保守派にとっても解放派にとっても、つごうがよい。家庭基盤充実政策に見られるように保守派の側でも家庭を維持することが、これまでのように無料《タダ》で、つまり主婦の無償労働に依存するだけではすまず、何らかのコストを支払わなければならないという危機感が共有されつつある。この動きと全く呼応するように、解放派の中でも、マルクス主義フェミニストたちは、家事労働有償説を、再検討しつつある(2)。

一言で言えば、女性がどんなライフスタイルを選んでも、そのために「損をしない」社会、女性の

図1　短時間就労雇用者数の推移（非農林業）

	総数			計		
年	雇用者数 1)（万人）	短時間雇用者数 2)（万人）	雇用者中に占める短時間雇用者の割合（%）	雇用者数 1)（万人）	短時間雇用者数 2)（万人）	雇用者中に占める短時間雇用者の割合（%）
昭和42年	2,970	197	6.6	963	114	11.8
45	3,222	216	6.7	1,068	130	12.2
50	3,556	353	9.9	1,137	198	17.4
51	3,623	314	8.7	1,174	192	16.4

資料出所：総理府統計局「労働力調査」
（注）　1　雇用者数は休業者を除く。
（季節的、不規則的雇用者を含む。）
2　短時間雇用者は平均週就業時間が35時間未満の雇用者である。

ライフスタイルの「選択の自由」を確保するような社会が、のぞましい社会であるという合意が、保守派から革新派までの間に形成されつつあると言える。

3　「選択の自由」説の背景

「選択の自由」説が受け容れられるようになったのは、一部の先鋭な女性解放運動や、マスコミの「翔んでる女」キャンペーンによるものというよりも、むしろ事実の上で、女性の伝統的性役割が動揺し、ライフスタイルの選択肢が多様化したことによる。

一九六〇年代の高度成長期に、慢性的な労働力不足は、主婦を労働市場に定着させた。主婦業と抵触しないパートタイマーという、従来にない新しい就労形態が、高度成長期を通じて増大し、一

図2　女子年齢階級別労働力率の推移

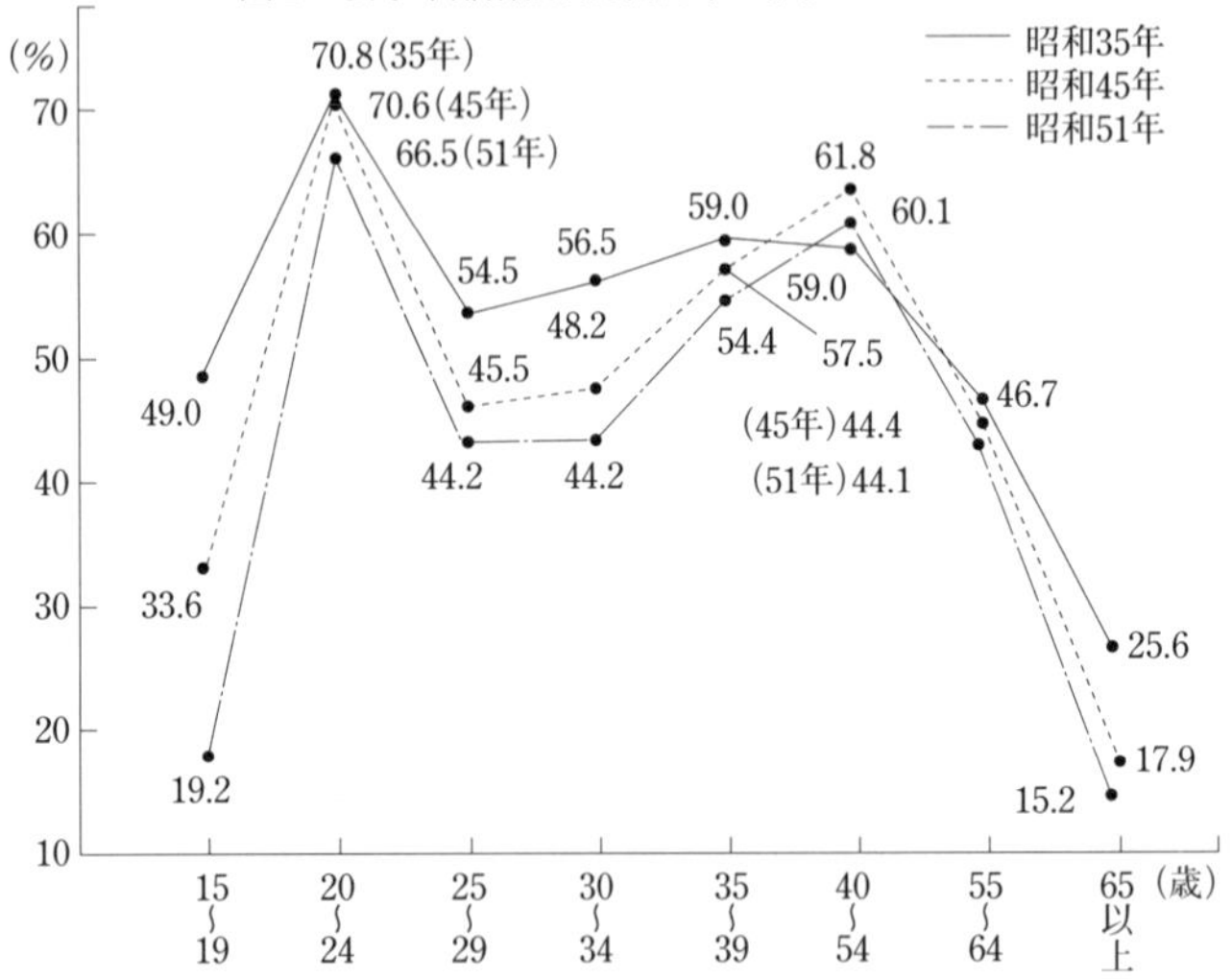

資料出所：総理府統計局「労働力調査」

九七〇年代に入って定着した（図1）(3)。今日では、女子雇用者のうち既婚者は六割近く占め(4)、主婦労働者抜きには、労働市場は成り立たなくなっている。ライフスタイルの上では、ポスト育児期再就職型の女性が増えてくるのも一九六〇年代から七〇年代にかけてであり、ことに三〇～五〇歳台では、無業者の方が少数派になりつつある（図2）(5)。

　専業主婦という奇妙な呼び名が登場してくるのもこの頃からである。主婦労働者が大量現象として登場してくると、主婦＝無職の定式が崩れ、有職主婦に対して無職の主婦は、「主婦専業」を積極的に名のらなくてはならなくなる。つまり、有職主婦の例外性が喪なわれるとともに、専業主婦の自明性が喪失していったのである。

図3　共働き世帯と非共働き世帯の家計実収入

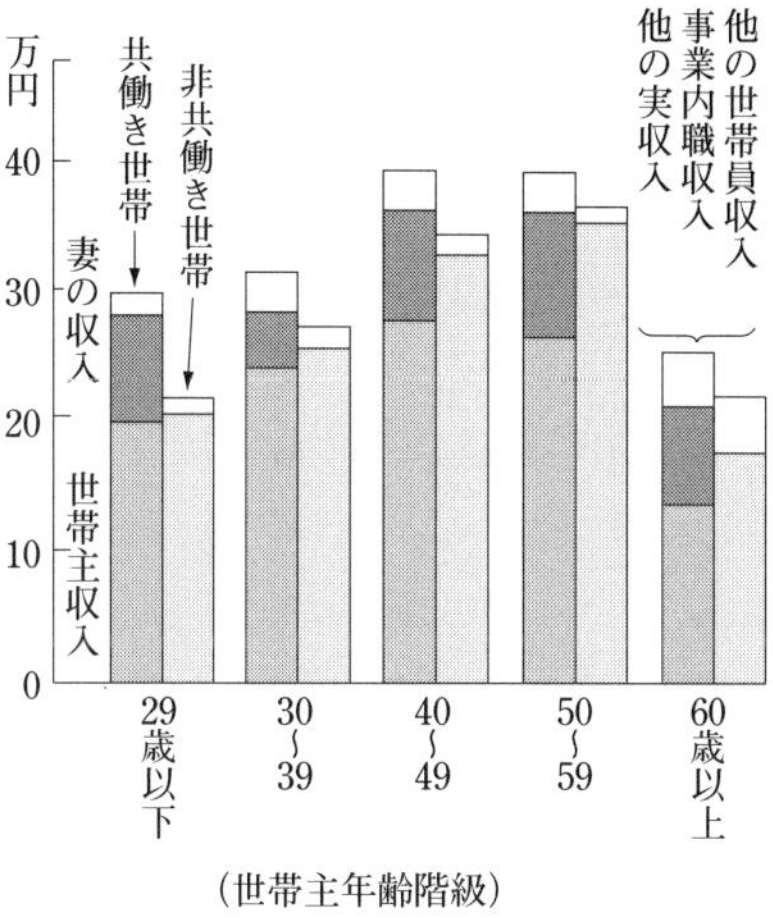

〈注〉資料は総理府統計局調べの「家計調査」(昭和55年1月－11月平均)。勤労者世帯のうち核家族世帯を比較している。

七〇年代の初めに、武田京子の「主婦こそ解放された人間像」(6)というエポックメーキングな専業主婦擁護論が登場するが、以上のような時代背景を考えれば、これは当時、自明性を喪失しつつあった専業主婦の、新たな自己正統化の試みと解することができる。八〇年代の今日でも、およそ専業主婦とは対極的な生き方を選択してきた桐島洋子のような人が「プロとしての専業主婦」(7)を積極的に選択すべき職業として賞揚しているのは、逆に、主婦業の選択が自明性を喪なった時代背景を反映していると言える。『ミセス』のような中産階級専業主婦層向けの雑誌で、桐島氏のような女性から主婦積極肯定論を聞かなければならないほど、専業主婦のアイデンティティは、不安にさらされていると言える。

専業主婦志向は、従来、「女が働かなくてもよい」階層への上昇願望の表われであり、明治期以降一貫して、女性にとっての階層上昇志向の表現であった。結婚は、女性にとって、帰属集団を選びなおす生涯唯一の機会であり、その際に「妻を働かせないですむ夫」を見つけることが、女の甲斐性であった。現在でも、専業主婦と有職主婦の分布は、夫の所得階層によって大きな開きがあるが、職業や地位による賃金格差が相対的に縮まる中で、専業主婦の特権もまた、縮小しつつある。というのは、主婦労働者の登場によって、多くの家庭が夫のみの単独就業構造から、一家の働き手が二人以上いる多就業構造に移行しており、後者の所得水準が前者のそれを上廻りつつあるからである（図3）(8)。

もちろん、有職主婦の賃金水準はあいかわらず低く、就労を継続するために彼女らは有形無形の多くのコストを負担している。しかし一方で彼女らは、保険や年金など組織内の労働者としての恩恵に浴しており、また相対的に大きい可処分所得を享受してもいる。今日では、有職主婦に代わって、逆に専業主婦の方が、ハンディキャップを負っていると見なされがちである。そういう背景の中で、専業主婦を選んだ女性が「損をしない」社会、「選択の自由」を確保する社会をめざそう、という論調が登場してきていると、解すべきであろう。

4 「選択の自由」説批判

上述のような「選択の由由」説の危険性について、私はすでに前章で論じたが、ここで補足しつつ再論しよう。

第一に、職業か家庭かの「選択の自由」が女性だけに適用されつづける間は、性別役割分担は解消せず、強制を自由にすり換えた女性差別が温存されることを指摘しておかなければならない。

第二に、女性が現状の社会の中で社会化される、つまり「意思や能力や好み」を社会的に形成されることを抜きにして、「選択の自由」を語ることはできない。社会化の過程を考えない「選択の自由」説は、「女はやっぱり家事、育児に向いているのさ」という予断を循環的に証明するにすぎず、当の女性の側では、不可避の選択を自由意思による選択にすり換える役割を果たす。

第三に、「選択の自由」説は、予期に反して、職業婦人と家庭婦人の利害の対立を事実上ひきおこす。たとえば、有職主婦が増えれば、扶養手当を含む家族給型の賃金体系は、単身者型の職務給に移行する傾向があるが、これは被扶養者である専業主婦の利益に反する。逆に、専業主婦の利益を守るための夫婦共産制の採用は、有職女性にとっては不利に働く可能性がある。また専業主婦の存在は、有職女性の低質金構造を支えるし、他方で家庭責任の負担を、女性のみに負わせつづける根拠にもなる。

第四に、「職業か家庭か」の二者択一でない、選択肢の多様化を意味するものに、パートタイマーという就労形態がある。パートタイマーは、一見職業と家庭の両立=「最適混合」を果たす、理想の選択肢のように見える。事実、多くの無業の主婦たちはパートタイム就労を望んでいるし、かつ現在パートタイマーの女性たちはフルタイム雇用への切り換えを必ずしも望んでいるとは言えない。パートタイム就労は、女性に主婦のアイデンティティを温存したままで就労機会を提供しているが、事実上は、女性の側に「専業主婦にも、フルタイム労働者にもなれない不自由」を職業負担と家事負担の双方ぐるみで課し、他方、雇用者の側に、家庭責任の名の下に「主婦労働者を半人前扱いする自由」を与えているにすぎない。中高年主婦労働者の劣悪な労働条件（低賃金、不安定雇用、単純補助業務、就職・昇進差別等）については、周知のとおりである。

5　女の公化と男の私化
――男女両性の「選択の自由」をめぐって――

「選択の自由」が女性のみに適用される間は、上述のような女性差別はなくならない。これに対して、「選択の自由」を男にも女にも適用していこうという立場がある。性別役割分担が、女を家庭へと貼りつけている一方で、男は職業へと封じこめられている。女性差別は、男女両性の抑圧の結果であり、そこから女性のみならず男性をも解放していくために、男にもまた職業か家庭かの「選択の自由」を両性の合意のもとにかくとくし、男女ともに職業と家庭の「最適混合」を認めていこうとする立場である。生産特化と生活特化とに、部分化し疎外された人間性を回復し、全体的人間像を獲得する道は、男女両性に「選択の自由」を確保していく道だと考えられてきている。だが、「選択の自由」がもたらす解放とは、どのようなものだろうか。論理的帰結をもう少し先まで追っていこう。

近代社会が、生産の外化によって職業と家庭とを分離し、「男は仕事・女は家庭」の性別役割分担を大衆的規模で完成したのは周知の事実である。近代化がもたらした「公私の分離」とはこのことを意味した。「公《おおやけ》」とは、クニでもオカミでもなく、職業集団を指した。なるほど職業集団もまた私企業という名の一つの私的集団であるが、日常意識の中で人々の公的世界が私企業を超えて拡大しないことは、公害企業の多くが内部告発者を出さないことからもわかる。近代産業社会とは、成人男子を現役兵として組織された産業軍事型社会(9)であり、そこから排除されたのは、女というハンディのある兵力、子どもと青年という予備軍、老人という退役兵、障害者という廃兵や傷病兵たちである（図4）。これらの人々は、私《わたくし》領域に、いわば遺棄されたのである。

図4

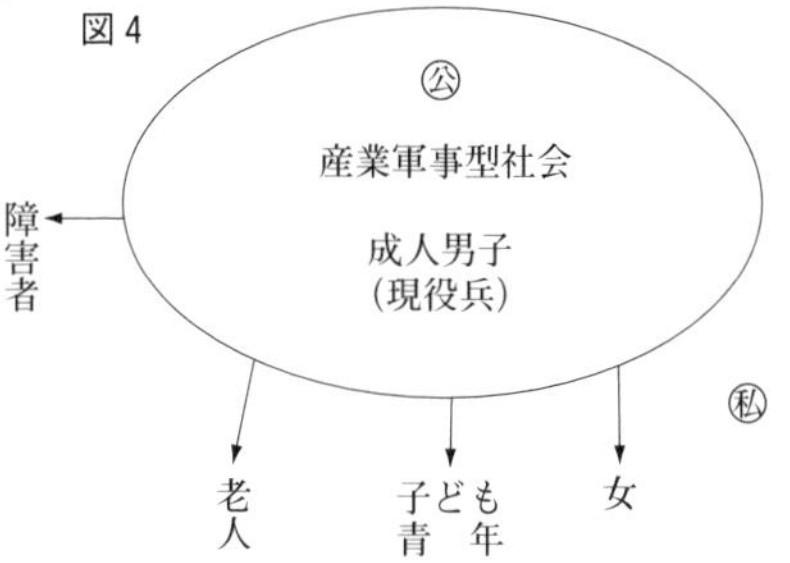

近代化による公私の分離は、たしかに公私の未分化な状態から、私領域を隔離・析出したが、それは同時に、私領域を放置したことでもあった。産業軍事組織である企業は、労働者が兵力として有用である限り、彼の私生活を問わない。原則として企業は労働者の離婚や姦通を問題にしないのと同様に、労働者が何人の子持ちか、老人や病人をかかえているか、子どもが障害児かどうか、に一切関与しない。

高度産業社会化の中で達成された公私の分離の完成の極で、公領域から排除されてきた女の公への侵出＝職業志向と、私領域から疎外されてきた男性の私への回帰＝家庭志向とが、現在同時に進行しつつある。公私の領域への男女の分断と特化による疎外と抑圧は、一方で生活を無視した生産効率のグロテスクな肥大を、他方で生産から切り離された消費生活の矮小化をもたらした。七〇年代以降の日本が直面している公害、資源・エネルギー危機、家族解体現象などは、このような高度産業社会化のつけが回ってきたものである。公害企業に勤める夫の傍で、公害喘息に苦しむ子どもをかかえた母親が、反公害運動に邁進するという姿は高度産業社会の性別役割分担のカリカチュア（戯画）である。

今日、一部の男性たちは、私生活の価値を再評価しつつある。たとえば、「男の子育てを考える会」の男性たちは、職場での不利を覚悟で、男が育児に参加する権利を獲得しようと、男の出産・育児休暇を求める地道な闘いをすすめている。スウェーデンでは、男親が育児休暇をとることを、義務づけてさえいる。男性の仕事バナレが進む中で、かえって女性の職業志向は、過渡的に「今いちばん働きたがっているのは女」という逆説を生んでさえいる。

つまり、女の公化と男の私化が、理念的にも現実的にも、支持されかつ進行しつつあると言ってい い。その過程で、男も女も、公私の分離によって疎外された全体的人間像を、回復させなければならないし、また回復することが可能である、と考えられている。性別役割分担の廃止と男性の家庭責任をうたった女性差別撤廃条約やＩＬＯ勧告の主張は、このようなものである。

しかしこの道筋は、ほんとうに「全体的人間像」を回復するユートピアへの道なのだろうか。男女両性に公私のあいだの「選択の自由」＝「最適混合」を確保することは、これもまた、一つの陥穽に至る道だと私には思える。まだ実現してもいない未来を先取りして、その行く末を憂えるのは、ペシミスティックに過ぎるだろうか。ともあれ、もう少し先まで思考実験を進めてみよう。女性解放の戦略については、それがもたらす結果について、十分な事前評価が不可欠だと考えるからである。

6 公と私のバランスをめぐって

女の公化と男の私化の程度は、公私のバランスの「最適混合」がどの水準にあるかによって定まる。「全体的人間像」が一義的に定義できないのは、この「最適混合」に、唯一の解がないからである。男も女も、公私のバランスをめぐる多様な選択肢の中から、自分自身にとっての最適混合の解を、見つけ出さなければならない。この意味で「選択の自由」は、男女両性に等しく適用されることができるし、また適用されなければならない。

ところで問題はこれで終わったわけではなく、むしろここから始まると言っていい。公私のバランスをめぐる最適混合の解は、公一〇〇%から私一〇〇%への連続線上の一点を占めるだろう（図5）。最適混合の解は、公極と私極のちょうど中点、両者が相半ばする地点にあるだろうか。問題はそれほどかんたんではない。公私のバランスが相半ばする地点とは、公私が共にゼロ・ポイントになる点ではなく、両者が半々になる地点である。つまりそれは決して両者が融合した「全体的な生活」を意味するわけではなく、逆に、分離し、断片化された公私の二領域を、共に引き受けることを意味する。「仕事も家庭も」引き受けた今日の女子労働者が現実に送っている生活はそのようなものであり、彼

図5

女は自分が得たものに満足しているかもしれないが、その実、生活不在の職業人としての顔と、職業と無縁の家庭人としての顔との間を、忙しく往復せざるをえない。「仕事も家庭も」なら、男たちがとっくに獲得している生活だが、男たちが、両者の狭間で実は部分化し、断片化したアイデンティティに耐えているにほかならないことは、誰もが知っている事実である。

私たちはすでに高度に分業化し、分離された世界に住んでいる。生活世界の部分化を拒むのは、子どもである。だから子どもは、部分化以前の社会——ある女性は子どもを石器時代人と呼んだ——に生きている。母親はと言えば、子どもと関わる中で、石器時代と現代との四万年の時間差を、あわただしく往復しているわけだ。それがストレスにならないはずがない、とある母親は訴える。今日の社会では、公と私のフィフティ・フィフティの混合は、決して仕事がくらしであり、くらしが同時に遊びでもあるような「全体的生活」を意味しない。

7 選民化と私民化

公私の両極の間から、多様な「選択の自由」を行使するということは、その選択に何らかの正統化根拠が要請されるということでもある。言いかえれば、「選択の自由」は、公私のどんな配分に自己のアイデンティティの基盤を置くか、という選択を人々に強いる。それは容易な選択ではない。二極分解した生活世界の中で、アイデンティティが安定するためには、結局、両極への局在化、つまり公優先型と私優先型の二つの選択肢が、再び優位になるだろう。公優先型か私優先型かかの「選択の自由」は、今度は、男も女も巻きこんで問われるだろう。

両極への二極分解は、事実のレベルで、すでに進行している。たとえばアメリカでは、公優先型はエグゼクティヴ（企業幹部）たちのサクセス志向、私優先型は労働者たちの余暇志向という形で表われている。エグゼクティヴたちは、二四時間をサクセス・ゲームのために費し、職業へのより大きなコミットメントと、同時により大きな報酬とを享受している。他方、「新しい労働者階級」と呼ばれる私生活志向の労働者たちは、週休二日制の普及や労働時間の短縮にともなって、ますます職業生活外の余暇時間の中に、自己実現の対象を求めつつある。前者を選民化、後者を私民化と呼ぼう。ますます多忙になる企業トップと、余暇を謳歌するヒラ労働者——イギリスやアメリカなど高度産業社会で進行しつつあるのは、こうした事態である。「選択の自由」が帰結するのは、これまでの男の選民化と女の私民化に代わって、男も女も、選民化と私民化のいずれかのあり方を、選択しなければならない、という事実である。

選民化か私民化かの「選択の自由」なら、男たちはとっくの昔に持っていた。出世を引き換えにすれば、彼らは余暇や私生活という価値を手に入れることができた。その選民化か私民化かの「選択の自由」を、女も手に入れるとは、一体どういうことなのだろうか。私には、選民化、私民化のいずれの道も、望ましいとは思えない。問題点を指摘していこう。

第一に、選民化へのサクセス・ゲームに参加した男女にとって、私生活は負担すべきコストにすぎなくなる。ウィメンズ・リブが男性につきつけた要求の一つは、男たちがこれまで無料で手に入れてきた家庭という価値の維持に、応分のコストを支払えということであった。たとえば性別役割分担が廃止されて育児負担が男女双方にかかることになれば、育児負担を引き受けることは、キャリア志向と抵触することになる。これまでは、女にとってのみ母性（マザーフッド）がハンディキャップとなってきたが、これからは、男女双方にとって親性（ペアレントフッド）がハンディキャップとなるだろう。

その帰結は、出生率の低下となる。欧米諸国は、どこもその対策に苦慮している。育児がコストならば、育児性分業にもとづいた一夫一婦制の婚姻もまた、コストに違いない。したがって、婚姻率もまた低下することになる。イギリス、アメリカ、西ドイツなどでは、未婚者や離婚者から成る単身生活者が増大しつつある。「アメリカの家族・一九六〇年から九〇年まで」と題して近年刊行されたアメリカの調査報告書によれば(10)、単身者の世帯数は、一〇年後には、結婚者世帯数と同じ数になるだろうと予測されている。

私たちは、出生率や婚姻率の低下を、政府に代わって憂える必要はない。問題は、選民化が帰結する人間学的な意味である。

西ドイツのジャーナリスト、ヘルマン・シュライバーは、進行する単身社会化を先取りして『シングルズ』(11)という本を著わしている。日本の人類学者、米山俊直も、その著作『同時代の人類学』(12)の副題を、「ムレ社会からヒトリモノ社会へ」と付けている。彼らは時代の変化を敏感に感じとっている。ところでシングルズは、華麗な私生活を楽しんでいるのだろうか。

シングルズにとって、私生活とは一体何だろうか。結婚と出産、すなわち家族を否認した時、「われわれ人類は過去と未来から断ち切られ、現在のみに生きるようになるでしょう」と青井和夫は書く(13)。

またわれわれは、自己だけに生きて、他者と連帯をする力を失ってしまうでしょう。その時のわれわれの生き方は、現在の自己実現に狂奔するようになるでしょう。

「私」的な状況とは、他者との安定した持続的な関係の中にしかなく、個別の関係を剝ぎとられた個人は、もはや、「私」さえも持ちえない。前の文章につづけて青井は、「しかし、何がいったい自己実現の『自己』であるのか」と追い討ちをかける。もちろん、「安定した持続的な関係」は、血縁の中にしか求められないわけではないが、それ以外の場合も、それは擬血縁的な関係になる傾向がある。

その意味で、アメリカ西海岸の家族崩壊の現況と、その中からの曙光の可能性を描いた山本道子の『天使よ海に舞え』(14)の末尾が、性と生殖を直接の契機にしない擬血縁共同体――これもまた、ひとつの「家族」だ――の出発を表わしているのは、象徴的である。ベティ・フリーダンもまた、『セカンド・ステージ』の中で、血縁によらない多様な「家族」のあり方を示唆した。

第二に、私生活の中で、ことに育児が最大のコストになるなら、子どものある家庭と子どものない家庭が対立関係になる可能性がある。

性と生殖が私事であり、育児がレッセ・フェールのまま個人の責任に委ねられている限り、子どもを持った家庭は、時間的・経済的に重い負担を背負いこむ。それに打ち克つほど人間の生殖本能や子育ての価値が大きいと、手放しで楽観していられるだろうか。その上老人扶養のためには、子どもを持った夫婦が相応のコストを支払って育て上げた子どもたちが、自分たちだけでなく、育児コストを支払わなかった子どものない老人たちの年金財政をも、支えることになる。子どもを持った夫婦が、これでは割に合わないと思ったとしても、無理はないだろう。

逆に育児を社会化して、子持ちと子なしの間で、育児負担均分化のために、所得再分配をする方法もある。育児の社会化とは、税金で施設を作って、育児を集団化することばかりとは限らない。スウェーデンのように、休業中の育児専従者に、男女を問わず所得補償をする方法とか、育児年金制とかの手段がある。しかしこの所得再分配をめぐっても、子どものある家庭と子どものない家庭の利害は、短期的には対立しあうだろう。

育児負担というコストを支払った個人は、コストを補って余りある報酬を、育児という経験自体から得ることができるという意見がある。つまり、彼ないし彼女は、収入や社会的成功という公的価値の代わりに、子どもとの生活という私的な価値を手に入れたのだ、ということになる。私生活の復権はこの意味で、しばしば「価値観の転換」として語られるが、実はここにこそ第三の問題点がある。

価値の転換とは、私的な価値をたんに再評価すればすむことではない。公的な価値が私的な価値に対して優位に立ってきたのは、それ相応の理由がある。つまり、富や権力といった社会的資源が、もっぱら公領域に独占されており、富や権力の分配にあずかるには、公的価値にコミットするほかないからである。他方私領域には、なるほど余暇時間という資源が存在している。どちらを重視するかは、たんに「ものの考え方」にすぎないのだろうか?

富や権力や余暇時間といった社会的資源は、人間が自己の意思を実行する能力に関わっている。人間の「自由」は、「意思決定の自由」と「実行能力の自由」との二つから成り立っている。かりに車椅子の少年が、サッカーをしたいと「意思決定の自由」を行使したとしても、「実行能力の自由」を欠いた「意思決定の自由」とは、夢想にすぎない。ところで現在の社会では、実行能力を拡大するものは、富や権力である。「先立つものは金」であり、経済力を奪われた主婦の「精神の自由」は、羽根をもがれた蝶の「夢想の自由」にすぎなかったり、またたかだか「不服従の自由」にすぎない。そのうえ富や権力は余暇時間さえ賄うことができるのに対し、逆に時間が富や権力を生み出すとは限らない。女や青年や老人たち、私領域に遺棄された人々が持っている社会的資源は、余暇時間という資源だけである。富や権力という社会的資源が公領域に独占されている限り、価値の転換を促す文化革命は、少数派の対抗価値にとどまるだろう。

　第四に、社会的資源の公私の領域への分配が現状のままでの選民化と私民化との二極分解は、階層分化と資源配分の不平等を帰結する。二四時間勤務も同然の選民たちは、それにみあった報酬を享受し、週休二日制や労働時間の短縮の恩恵もしくは強制にあずかる私民労働者たちは、低賃金に甘んじなければならない。体制の如何を問わず、高度産業社会化＝管理社会化の進行の中で、管理＝意思決定労働者と執行労働者との階層分化は強まってきている。脱産業社会化は階層の消滅を意味しない。むしろ労働貴族やテクノクラートのような「新しい支配階級」を生み出し、より強化していくだろう。

　最後に、あらゆるコストを覚悟で、公的価値に背を向けて、私民化への道を選んだ人は、どうだろうか。この場合も、私民的なくらしが、人間の全体性回復の場だとは、私は考えない。というのは、公私の領域が分断されたままで私領域を選ぶのは、それもまた一つの部分性を選択するにすぎないからである。生産から切り離され、社会的な関わりからも切れた消費的な私民生活が陥る先は、歯止めのない私民エゴイズムである。七〇年代以降の大衆社会化状況の中で現われた、家庭内暴力、児童虐待、子捨て子殺し等の家庭問題は、この種の私民地獄の様相を呈している。

8　往くも地獄、還るも地獄……の中で

選民化と私民化がいずれも一つの部分性の選択にすぎず、その中間の選択もまた、部分性の断片的な寄せ集めにすぎないとなれば、どこにも解放のための最適解を見出すことができない。私民であることを強制されてきた女が、そこから抜け出して選民になることを選んでも、また男が逆の道筋を選んでも、いずれも行く先は解放にはつながらない。まことに「往くも地獄、還るも地獄」が私たちを待っているだけである。「選択の自由」説をオプティミスティックに唱える人たちは、その論理的な帰結を引き受ける覚悟があるのだろうか？　しかし、ペシミズムに陥らない第三の道を考えることはできないだろうか。

選民化と私民化との隘路を抜け出る唯一の可能性は、問題の立て方自体をくつがえすこと、すなわち公私の分離と分断を廃棄することである。生産がくらしと一体化し、私的な状況が公的な配慮の対象となり、性分業を含めてあらゆる分業が廃絶される自律的（オートノマス）な社会——これがユートピアなのだろうか？　こうした社会は、逆説的にも、驚くほど私たちが捨て去り、脱け出してきた当の社会——自給自足的で包括的な前近代社会——に似ている。たとえば東京郊外で有機農業を実践する「たまごの会」(15)の人々は、自分たちの口に入るものをつくるために二四時間を費やしているが、彼らの理想主義は、まわりを産業社会に囲繞された中での対抗価値としてのみ、意味を持ちつづける

性質のものだろう。「たまごの会」の行き着く果てにある自給自足的な小規模社会は、驚くほど一〇〇年前の私たちの父祖の生活に似ている。あらゆるユートピアは、つねに逆ユートピアに酷似しているる。近代化による公私の分離と、分離によって公から守られる個人を、私たちは支持してきたのではなかったか？　高度に発達した分業社会が、私たちのくらしを支えてきたのではなかったか？——近代がもたらしたものをおしなべて否認する思想は、性急で安直だ。ここでもまた、私たちは、進むことも退くこともできぬ隘路に立たされている。

私に答はない。ただ私たちの社会が進む行く末と、その中での女のありようを、見定めたいと思うばかりだ。

注

（1）松田道雄『女と自由と愛』岩波新書、一九七九年。
（2）P. Smith, Domestic Labour and Marx's Theory of Value, in A. Kuhn & A. Wolpe eds., *Feminism and Materialism; Women and Modes of production*, Routledge & Kegan Paul, 1978. 上野他訳『マルクス主義フェミニズムの挑戦』勁草書房、一九八四年。
（3）総理府統計局『労働力調査』より、将来構想研究会編『図説女の現在と未来』亜紀書房、一九七九年、八九頁。
（4）前掲書、八七頁。
（5）総理府編『婦人の現状と施策〔国内行動計画第二回報告書〕』ぎょうせい、一九七九年、四五頁。
（6）『婦人公論』一九七二年四月号（上野編『主婦論争を読む』Ⅱに再録）。
（7）桐島洋子「女ざかりからの出発」『ミセス』一九八〇年一二月号、文化出版局。
（8）総理府統計局『家計調査』より、朝日新聞一九八一年七月七日。

(9) 阪井敏郎『増補家族社会学』法律文化社、一九七七年。
(10) 朝日新聞一九八〇年八月三〇日、エアメール欄より。
(11) ヘルマン・シュライバー『シングルズ』TBSブリタニカ、一九八〇年
(12) 米山俊直『同時代の人類学』NHKブックス、一九八一年。
(13) 青井和夫「家庭はどうなるか?」青井他『家庭を考える――変わりつつある家庭観』講談社、一九八一年、四四、四五頁。
(14) 山本道子『天使よ海に舞え』新潮社、一九八一年。ベティ・フリーダン『家族の構造』PHP研究所、一九八一年。
(15) たまごの会編『たまご革命』三一書房、一九七九年。

6　個の解放と種の解放

1　恍惚と呪詛のあいだで

一九七八年三月号の『わたしは女』（JICC出版局）に、四八歳二児の母という女性が、「わたしにとっての母性」という応募手記を寄せている。彼女は一六年前二児の育児期に彼女を襲った育児ノイローゼについて書いている。

育児生活が苦しみの連続であるために、わたしは赤ン坊をかわいいと感ずることができなかった。……のみならず、わたしに苦悩を与えてやまない赤ン坊の存在が、次第に呪わしいものに思われてきた。加えてわたしが驚いたのは、赤ン坊が母親の全生活を占領してしまうことだった。わたしの見通しは全く甘かったのだ。赤ン坊を持ちながら社会的な仕事をすることは、困難どころか不可能である。（中略）あの時、…エイッと赤ン坊を保育園にでも放りこむことがどうしてできなかったのだろう。その時、わたしを強く牽制したものは「母親の義務感」である。この義務感と、母親の私的・社会的生活とは鋭く矛盾対立しており、どちらを採っても片方は捨てねばならない。絶望・不安・いらだたしさの極にありながら、わたしは産んだ以上は責任を持たねばという義務感にとらわれ、育児を優先したのであった。

「一六年めの告白」と題されたこの手記は、私に衝撃を与えた。子無し女である私は、出産・育児に対して未来形で「開かれて」おり（現在のところは）、したがって肯定形にせよ、否定形にせよ関心を抱かざるをえない状況にある。同じ雑誌の中で、別な女性は、出産と育児が与える身体的・動物的な充足感・至福感について語っており、私はその報告になら「さもありなん」と共感を示すことができる。育児戦争中の友人たちが、ひたすら愚痴だけこぼして「羨ましいわ、子無し貴族は」と決まって言うのは、都市住民が都会生活の恩恵を十二分に受けながら「田舎はいいなあ」と口を揃えて言うような、自己韜晦的な共同戦線なのだと思っていた。出産・育児には、負担を補って余りある心理的・生理的報酬があって、そうでなければあんなに多くの女性が（たぶん）嬉々として子どもを産むわけがなかろうと考えていた。

しかしこの手記のように、子育て期の女性が、こんなに鋭く育児と自我のはざまに引き裂かれていようとは、私には予想外だった。生殖期の女性が、自我のことばではとらえきれない未知の経験をすることは理解できる。たとえば森崎和江は『第三の性』（三一書房、一九六五年）の中で、妊娠中次第に大きくなっていく内なる生命を抱きながら、「わたし」という一人称単数形が破綻していくさまを語っている。この「わたし」は、胎児と区別された個体なのだろうか。それとも胎児と共にある「わたし」、個体を超えたひとつの原存在《ウアザイン》なのだろうか、と。――この一人称単数形の「挫折」が、喜ばしい経験か、呪わしい経験かは、もちろん人によって違うだろう。自我意識の強い個人にとっては、これは一種のアイデンティティ・クライシスを意味しよう。妊娠や出産が、しばしば精神障害の引き金になることは、よく知られている。

森崎氏にとっては、他の生命とのこの共棲感は、喜ばしい体験である。それは自我を超えた、文字どおりのエクスタシー（脱自）である。そして、性行為の中で私たちが感じるエクスタシーも、一種の自我の溶解――脱自経験なのだとしたら、妊婦は、いわば汎性《パンセクシュアル》的な日常を生きていることになる。この恍惚感を、ある妊婦は「うつらうつら生きている」と表現した。この恍惚感に、男性は、最初の原因を作る以外に参与することができない。

生殖にまつわるこの同じ経験を、子無しの女は、たとえばイソップの「酸っぱいぶどう」のように、ひたすら呪わしい経験として思い描くこともできる。幸か不幸か私は気が弱い人間なので、自分の持たないものをかえって美化して考える傾きがある。しかしたぶん、どちらも間違っているのだろう。女が、淫売でも女神でもなくその中間のただのヒトであるように、生殖も恍惚と呪詛のその両極端のあいだにあるのだろう。

しかし今日では、孕み産むという人間の種としての経験は、社会生活と和解しがたい非両立性を持っている。女性には、個人として生きる権利がある。しかし子どもには「育つ権利」がある、と言う人々もいる。しかしことは、母親と子どもとの権利の競合なのだろうか。権利の対立だとすれば、強者（母親）が弱者（子ども）を負担に感じるか（足手まとい）、または強者が弱者を見捨てるか（子捨て・子殺し）、さもなくば強者が弱者に対する罪責感に悩まされるかのいずれかだ。親子関係を、加害者―被害者図式でとらえるのは貧しい。

人間は（男も女も）、個として生きると同様に種としても生きている。子どもの「育つ権利」とは、親が、種として生きる権利のことだ。人間が一つの生物種であり、自分の肉体が種の存続にふさわしく創られていることを、なぜ喜んではいけないのだろう。私は、人体解剖図から生殖器官がみごとに除かれていた小学校の理科の教科書を思い出す。種としてあることは、個としてあることの付属品などではない。個は予め、種の中に生み落とされているのだ。

けれど私たちは、骨の随まで個としての発想の枠組に搦めとられている。女も例外ではない。とりわけコギト（我思う）から出発する西欧型思惟は、あらゆる生命体のアニミスティックな共棲を許す東洋型の思惟とは違って、一人称単数形の世界を私たちに植えつける。私たちは、その世界のことばで自己形成してきてしまったから、自分が種であることを、後になって発見して驚く。そしてその事実と折り合うために苦しまなくてはならない。

2　個体性の思想

男の思想は、個体性を極限まで押し進める。埴谷雄高は、「人生で取り返しのつかない誤ちは？」と問われて、「子どもを産むこと」と答えている。『現代子育て考』そのⅣ「男と子育て」（現代書館）の中で、ある男性は、埴谷のニヒリズムにとらえられていた自分が、どうやって父となることを引き受けることができるようになったかを、報告している。彼は「ツレアイ」に子産みを迫られて、自分の内なる埴谷の思想との対決を余儀なくされたと言うが、このプロセスは、苦痛に満ちた心理ドラマだったに違いない。しかし、子産みを決めたのは「ツレアイ」である。彼はその事実を引き受けただけである。私は、埴谷の思想を内面化したのがもし女の方だったら、と考えてヒヤリとする。

廣松渉と五木寛之の二人も、対談（『哲学に何ができるか』朝日出版社）の中で、革命のために種の機能を捨てた（パイプカット・卵巣摘出）「同志」の革命的ストイシズムを讃えている。二人の「旧《オールド》」新左翼は、七〇年代の新左翼が孕み、産み、あまつさえ子連れでデモに出かけることを、苦々しい思いで眺めている。内なる種を犠牲にして、「種としての人類の解放」をかちとろうというカリカチュアに気づかないのはどちらだろうか。私には、男の論理を内面化して生殖機能をうしない、生理的に中性化した当時の女性活動家が痛々しく思われる。

種であることが、しかしこれほど困難な時代は、特殊なエポックのように私には思える。近代は個の解放をかちとったと言われるが、いまだ種の解放には至っていない。

マルクスは、人間が種であることを十分に承知していた一人である。彼は人間社会が存続していくために、三つの再生産——物質の再生産・労働力の再生産・人間の再生産——が必要だと説いた。三つの再生産のうち、前二者は個の再生産に、後一者は種の再生産に関わる。生殖を「人間の再生産」ととらえるマルクスの視点に、かつて私は新鮮な衝撃を受けた（『ドイツ・イデオロギー』）。re-creation of man ——この「生産」こそが、人間に可能な生産のうちで、もっとも造物主の行為に近いものだろう。

3　再生産からの疎外

近代社会はなるほど個の再生産を「解放」した。人々は土地から解放され、職業選択の自由を持ち、あまつさえ就業を拒否して飢えて死ぬ自由さえ持っている。そのとき種の再生産はどうなったか。出産と育児は、個人の私事としてとり残された。結婚しようが離婚しようが、子どもを何人産もうが、それは公人としての個人の評価に（たてまえ上は）関わらない。むしろ公人としての個人の業績に悪影響を与える限りで、人間の種の部分はハンディとなりうる。近代の「公私の分離」とは、公による私の遺棄を意味する。

「公私の分離」は、たしかに「解放」の一種ではありうる。私たちは、公私の分離しない社会の不自由を考えることができる。離婚が社会的生命の抹殺を意味したり、妊娠や出産が政治権力の獲得につながるような社会に逆戻りすることは、歓迎したくない。江戸城大奥では、誰が将軍の「お手つき」になるかは、性事＝政事であった。春日の局が政治権力を握れたのは、彼女が政事《まつりごと》に「口出し」したからではなく、彼女が将軍の性事を司っていたからである。

人間の種としての再生産が、私事《みそかごと》になったのは、近代社会が、逆説的に「私」の蔓延する社会だからである。物質の再生産が私企業の担うところとなり、生産の単位は無限に個別化する。そこでは射程の短い再生産サイクルが追求されるにすぎず、事実、資本主義の初期には、労働力さえ使い捨ての消耗品であった。企業が労働力の再生産——リクレーションという名の労働者厚生に関心を抱くに至ったのは、労働力供給が逼迫してからのことである。労働力市場がもっと逼迫すれば、はじめてマン・パワー計画のようなサイクルの長い「人間の再生産」が射程に入るようになるのだろうか。しかしその時には、種の再生産（どんな子どもを、いつ、何人育て上げるか）をコントロールする主体は、もはや個人ではありえず、総資本つまり国家という種の単位であろう。国家が行なう最大の事業は何か。それは戦争である。私たちには、戦時中の「産めよ殖やせよ」というかけ声がまた聞こえてくる。

私企業は基本的に、個の再生産にしか関与しない性格を持っている。人間はだから、ただ個としてのみ生産に関わる。個として見るなら、男性の個体能力は一般に女性のそれを上廻っている。女の肉体は、何と多くの部分が種としての生存のために造られていることか。歩くたびにゆれる胸や腰、皮下脂肪の多いからだつき、劣った筋力などは、個の再生産場面での、男性優位を告げる。その上、妊娠と出産による身体の激変を考えれば、女がハンディのある労働力なのは自明のことである。

しかし、この私的状況の中では、女と同じように男も、自らの種としての生存を抑圧されているに違いない。マルクスが「生産の私的性格」が、人間の「類的本質からの疎外」を招くという時、彼はこの事情を見抜いていたに違いない。ならば生産の私的性格を揚棄すること、つまり社会主義革命が、種の解放をもたらすのだろうか。「個の再生産」が社会化されるように、「種の再生産」も社会化されれば、問題は解決するのだろうか。子どもの数に応じた無料の託児施設ができ、あるいは子育て中の母親に手厚い育児年金が国庫から支出され、ポスト育児期になれば就業保障がある――「働く母親が安心して子どもを産める社会」（どこかの政党のスローガンのようだ）がやってくるのだろうか。

そんな社会は、やはり真平御免だと言うほかはない。近代が「個の解放」をかちとった時、私たちは、結婚する自由・しない自由、子どもを産む自由・産まない自由もかちとった。それを他者に、国家という他者に譲りわたすことはできない。奴隷に性の自由や生殖の自由はない。奴隷は家畜のように、計画的に殖やされる。子どもを産まない夫婦が罰則を受けたり、逆に三人めを産んだ母親が非難されたり、インドのように断種手術を受けることが公務員採用の条件になったり、生殖を国家が統制するようになる社会を、私たちは肯定することはできない。「ローズマリーの赤ちゃん」の世界は、すぐそこまで来ている。

「種の再生産」の社会化は、つねに生殖の管理社会化の危険を孕んでいる。国家は、生殖に関して「レッセ・フェール」であるべきである。市場社会は、たしかに人間にとって一つの解放ではあったのだ。「公私の分離」で獲得した自由を、私たちは手離すことはできない。

4 種と個の葛藤

私は出産・育児の社会化が、人間の種と個の葛藤の解決策だというオプティミズムに与しえない。だからといって現在の社会が、人間の種としての生存の抑圧と、たまたま種であることを引き受けた個々人（多くは女性）の自己犠牲の上に成り立っていることは、なおさら容認できない。ヨーロッパでは子産みを拒否する夫婦が増えているばかりか、「結婚しない男・女」が若い世代に増加中という。生産・育児が個の生存にとってコストになるならば、育児性分業にもとづいた一夫一婦制の婚姻もコストになるに違いない。若い世代がコスト負担を避けて「身軽な人生」をのぞむのは当然としても、ここにはますます進行する現代人の「類的本質からの疎外」による荒廃が顔を覗かせている。

人間が自己の生物としての自然に安らえない社会とは、何なのだろう。妊婦が、科学の及ばない身体の精妙な変化を自然に感謝する代わりに、ハンディとして呪わなければならない社会とは、何なのだろう。レヴィ＝ストロースによって男よりもつねに自然に近く位置づけられた女の一員として、私は、自己の「人間的自然」を肯定する思想を獲得したいと願う。

しかし、女はようやく個としての解放をかちとりつつあるところで、それとともに女たちの運動も、個としての解放をめざす立場と種としての解放をねがう立場との両極に、引き裂かれている。人間を個としても種としても同時に解放するのが、ほんとうの「女の解放」だと言ってみても、両者の統合はそれほど簡単ではなく、短期的には鋭く対立しあっている。その時代の中で、一人ひとりの女の中でも、種と個の葛藤は鋭さを加えていくだろう。その中で、時代の流れよりはつねに短い生殖年齢期間を過ごしながら、私という個人も翻弄されている。

7　産む性・産まない性

「産む自由・産まない自由は、女性解放の基礎です」
――マーガレット・サンガー――

1　母になるオブセッション

「女性の自己実現のために、母になることは必要か」という質問に対してイエスと答える女性は、日本では欧米諸国に比して格段に高い比率にのぼる。この国では、女であることはどうやら母であることと同義になっているらしい。母でない女は、女とみなされない傾向がある。私の好きな、伊藤雅子さんの主婦についての文章を「母」に入れかえてもじれば、こう言えよう。

私は、母の問題は、女の問題を考える一つの基点であると考えている。現在母であるだけでなく、まだ母ではない女も、母にならない女も、母になれない女も、母であった女も、母であることが女のあるべき姿・幸せの像とされている間は、良くも悪くも母であることから自由ではない。少なくとも多くの女は、母であることとの距離で自分を測っていないだろうか（引用文中、「主婦」を「母」に入れ換えた。『主婦とおんな』未来社、一九七三年）。

結婚し、主婦になることが「あたりまえ」だったように、母になることも女にとってあたりまえ、と考えられている。だから、「母にならない女」は、どうして？　と非難され、「母になれない女」は「かわいそうに」と同情される。

私はかつて、母になった女友だちに「なぜ産んだの？」とたずねてまわったことがあるが、まじめに答えてくれた女友だちの間でも、はかばかしい答は得られなかった。「結婚したら産むのがあたりまえ」「姑が期待したから」「親が孫の顔を見たがった」から「夫に頼まれたから産んでやった」というのまであった。なかには、「何も考えなかった」というのもあった。「何も考えず」に産まれた子どものほうは、さぞ迷惑なことだろう。概して女の人は、ほとんど「何も考えず」に、母になっているような印象が強く、夫や親や社会など「周囲」のために産んだので、自分自身の主体的な意思で産んだ人は少ないように見うけられた。

もちろん、「子どもを産みたい一心で結婚した」と答えた人もいたが、こういう女性にもう一歩踏みこんで、「どうしてそんなに母親になりたかったの？」と聞いてみると、やはり「女としてあたりまえだから」という、あいまいもことした答が返ってきた。

2　母という名の地位

母になることへの、このオブセッション（強迫的な思いこみ）の強さは、いったい何によるのだろうか。

第一に、日本のような家父長制直系家族の中では、ヨソモノとして嫁いできたヨメは、跡取りの母になることではじめて安定した地位を家族の中で得られる、ということがある。「嫁して三年子なきは去」らなければならなかったし、娘ばかり産み続ける女も非難された。昔は、男児が産まれてはじめて入籍するケースも少なくなかったし、子どものできない正妻は、跡取りをつくるために、夫に妾をあてがうことさえ、場合によってはしなければならなかった。だから女は、是が非でも母になるほかなかったのだ。

第二に、このタテ型家族構造の中での、母子（もちろん息子）密着がある。妻には専制的に君臨しても、母には絶対服従の封建家長は、戦前にはたくさんいた。「姑との折り合いの悪さ」（しばしば「家風に合わない」と表現される）は、離婚原因の大きな部分を占めていた。夫の死後、息子が家督相続人になれば、女は「家長の母」として絶大な力をふるうことができた。母になることは、女にとって権力へ至る唯一で最大の近道だったのである。

第三に、伝統的な直系家族制がすたれた近代核家族の中でも、「男は仕事・女は家庭」の性別役割分担の中では、女はもう、子どもを産むほか何にもすることがない、という事情がある。富岡多恵子さんは「女は、ほかにすることがないから子どもを生む」（『藤の衣に麻の衾』中央公論社、一九八四年）と喝破したが、家事が省力化した今日では、家庭の中で手のかかる仕事といえば育児ぐらいしかなくなっている。妻に子どもがいなくて夫が単身赴任をすれば、これはもうおメカケさん暮らし同然だが、子どもがいれば社会も納得する。つまり、育児にもとづく性分業、「男は仕事・女は育児」が今日の性別役割分担の実態なのである。これというのも、社会が女にどんな生き生きした職業の場も与えないから、女は子どもを産むしか「ほかにすることがない」状況へと、追いやられているのが一因だろう。

3　母性崇拝の落とし穴

女が母であれば、女は安心する。女を母に封じこめておけば、男も安心する。母という名の女たちは、母であることに自足することで、男性支配的な社会構造の再生産に加担する。母役割に献身することで、娘を差別し、父権的な息子を育ててあげる。子どもは親の後姿を見て育つ。夫と性別役割分担をしている家庭で、母親だけがどんなに「性差別のないしつけ」を、と力んでみても効果はあがらない。母親がまさに自分のしていることによって性差別構造を次代にくりかえすしくみを、チョドロウは『母親業の再生産』（新曜社、一九八一年）の中でみごとに分析してみせた。

母親運動は、だから女性解放運動にも、社会変革運動にもつながりにくい。母親が要求するのは、「女が安心して母親でいられる社会を」というものだ。彼女たちは、女が母親にしかなれない社会のしくみを問題にしない。女が安心して母業に専念していてくれたら、男たちも安心にちがいない。だから、母性の強調は、しばしば抑圧的な男性支配の補完物になりかわる。ナチスは母性を崇拝したし、戦時中の日本も、「産めよ殖やせよ」と母性をほめたたえた。

功なり名とげた男性が、「わが母」というエッセイを書いても、なぜだか「わが父」というのは聞いたことがない。彼らは、母を涙を流さんばかりにしてあがめ、追憶するが、妻に対しては、平気で性差別的にふるまう。そのことによって母が母以外の部分ももちあわせた女であったかもしれない可能性を、否定する。母親運動と同じく、男性の母性崇拝が、女性の地位向上に役立ってきたためしはない。

4　育児というシャドウ・ワーク

七〇年代以降の女性解放運動は、女性の生き方に、母になること以外のオプションをふやした。女たちは母である以外に、女であったり、職業人であったり、人間であったりする自分を発見した。男たちは四六時中「父」ではないのだから、これはあたりまえの発見だった。

それと同時に、これまで母という名のもとに女に押しつけられていた役割が、社会に次代の労働力を供給するという重大な仕事でありながら、実は女の無私の献身によってのみ支えられる不当な不払い労働だということに気づいてきた。夫も企業も国家も、母性を口をそろえて賛美するが、だからといって、カネも手も出すわけではない。市場原理がオンブしているこのタダ働きの労働を、イリイチは「シャドウ・ワーク」と名づけた（『シャドウ・ワーク』岩波書店、一九八二年）。

そのうえ、精神分析学が、母親の不安を増幅する。三歳までの幼児体験が生涯を決定する、この時期にしくじるとあとで取り返しのつかないことになりますよ、と女たちは脅迫されて、泣く泣く職場を去って育児に専従する。夫たちも、「おまえに委すよ」と言ったきり。二〇歳代やそこらの若い女がたった一人で担うには、母業は重すぎる荷なのだ。家事責任がこれほど軽くなった時代はかつてないけれども、逆に育児責任がこれだけ重くなった時代もかつてなかっただろう。昔は、子育てとは、女や男、周囲の大人たちが分け合うものだったのに。

このワリの合わないシャドウ・ワークに異議申し立てをした欧米の女たちは、子どもを産まなくなった。彼女たちは、押しつけられた負担からオリたのだ。そのせいでドイツ政府などは、人口減にあわてふためいている。彼女たちは、男と社会に、子育てにかかるテマも、ヒマも、あなたたちも負担しなさいよ、とつきつけた。あなたたちが母性をあがめるのなら、それを女だけに押しつけないで、社会全体で担いなさいと、男たちだって「親性」をもちなさいと、要求したのだ。

5　産む選択・産まない選択

しかし、歴史の実験の中で、一人ひとりの生はあまりに短い。とりわけ女の生殖年齢はまたたく間に過ぎる。グローバルな出生率低下の現象の中でも、個々の女の選択には、固有のドラマがあるだろう。

フェイブとウィクラーという二人の三〇歳代のアメリカ女性が著わした『産む選択・産まない選択』（三笠書房、一九八四年）は、子どもを持たずに三〇歳代にさしかかったキャリアウーマンたちの悩み多い選択を、インタヴューをもとに記述している。生殖可能な年齢の上限にさしかかった彼女たちは、迷い抜いていずれかの決断をする。そこでは、「仕事か結婚か」をとっくに解決済みにしてしまったフェミニズムの最後の難問が、「仕事か子どもか」というものだという事情がよくわかる。

しかし、そこには、「仕事か子どもか」を二者択一的に迫られるのが、あいかわらずもっぱら女だという落とし穴がある。

いずれにせよ、「産まない選択」もオプションのうちに入ってきたことはたしかだ。避妊法の普及で、「産めない女」だけでなく、自発的な「産まない女」も登場している。「産まない女」の存在は、母になること以外の生き方のオプションを示すことで、「産めない女」にも救いになるはずだ。かつてなら、「石女《うまずめ》」という言葉は、女を全否定する最大の侮辱の言葉だったのだから。

6　「選択の時代」の幸と不幸

女に、生き方のオプションが増えることを私は歓迎する。だが、これは実は、女にとってもきつい時代だろう。「なぜ産まないの」という問いに代わって、「あなた、なぜ産んだの？」という問いが、産む選択をした女たちに投げかけられるからだ。

「なぜ産んだの？」とは、実は答えようのない問いだ。どんな親も、ある日子どもからこの問いをつきつけられるのを内心恐れている。生きることと死ぬことに理由がないのと同じように、産むこと、産まれることにも実は理由はなく、理由が要らないものだろう。それに理由を要求するような社会の不自然さというものはさておいて、ともあれ、幸か不幸か、私たちが選択が可能な時代に到達してしまったことは事実だ。ほかにオプションがあれば、それを選択したことに言い訳は許されない。産むこと、産まないこと、いずれにしてもあなたの選択に――女も、そして男も――あなた自身の責任が問われることになるだろう。

イヤな時代だと思いながら、ともあれ「何も考えずに」子どもを産むより、「選択して」産むほうが親にとっても子どもにとってもまだましだろうと、私は思うことにしている。そして、個々の女の産む選択・産まない選択を超えて、オリアナ・ファラチが言うように、「人類はつづいて行く」（『生まれなかった子への手紙』講談社、一九七七年）のだから。

8　日本型フェミニズムの可能性*

1　フェミニズムは輸出できるか？

インドに滞在中のこと。新聞にインド人フェミニストの女性が寄せた記事のタイトルを見て、私は仰天した。それには「妻・母・姉妹役割からの女性の解放」（傍点引用者）とあったからだ。「妻・母役割」からの解放、なら、私たちにもよくわかる。驚いたのは、インドの女性たちが「姉妹役割」も抑圧の装置と考えている点だった。これには、たしかに盲点をつかれた。

「妹の力」(1)を強調したがるフェミニスト人類学者、カレン・サックス〔Sacks, 1979〕のような女性は、女は「妻・母役割」をつうじて搾取されるけれども「姉妹役割」はそうではない、と主張する。だが、考えてみれば、「姉妹役割」が、「夫」という名の男に代わって「兄弟」という名の男によって女が搾取される、かっこうの装置だというのは、十分にありうる話だ。現に、保護の対象であるはずの「娘役割」だって、これまでにも、そして現在も、十分に「父」という名の男の搾取の対象になっている。明治期に、娘を公娼や女工にたたき売った男親たちは、「娘」という女を私有物視していたわけだし、現代アメリカで、性的虐待の犠牲になっている娘たちは、もっとも直接的に、男親にセクシュアリティを搾取されている。

ともあれ「姉妹役割からの女性解放」というインド人女性の記事は、フェミニズムの文化背景の多様さについて、私を考えこませた。性差別には、それを生み出す文化的土壌があり、したがってフェミニズムもまた、文化の数ほどちがってくるはずだ。つまり、フェミニズムは、安直に、輸出したり輸入したりできる手合いのものではない。

たとえば七〇年代はじめの日本のウィメンズ・リブは、アメリカからの輸入品、と言われた。肯定的ないみでも、否定的ないみでも、そう言われた。

歓迎する側では、アメリカびいきの知識人たちがそう考えたように、なべて進歩的なものはアメリカからやってくる、そしてフェミニズムも、と考えられた。戦後の日本は、約一〇年おくれのサイクルで、アメリカ社会のあとを追いかけていると信じられていた。一部のアメリカかぶれのフェミニストは、アメリカの「進歩的知識人」の日本攻撃に便乗して、「おくれたニッポン・すすんだアメリカ」を合唱した。「アメリカではこうなのに、日本では……」式の、単純なものさしによる比較にはもうあきあきしたし、それに唱和して、「そうです、私たち日本の女性はこんなに差別されています」というお涙ちょうだいの迎合もたくさんだ。かつてアメリカがベトナム戦争で冒したように、「アメリカの自由と正義」をおくれた国に輸出する、というあやまちを、アメリカの姉妹たちがフェミニズムの領域でくり返すのは、見たくないものだ。

他方で、リブを苦々しく思う保守派は、フェミニズムを、皮相浅薄なアメリカ産輸入品だとレッテル貼りをすることで、おとしめようとした。この国の保守派は「押しつけ憲法」説以来の反米主義を、親米の貌の下に持っていて、ポップ・ミュージックからマクドナルド・ハンバーガーに至る日本のアメリカ化を、文化破壊の「諸悪の根源」と見なしてきた。

保守派の思いこみに反して、日本のフェミニズムは、決して借りものでない、その固有の存在意義と文化背景とを持っていた。もちろん日本のフェミニズムは、アメリカのウィメンズ・リブから大きな影響を受けたけれども、それは何より文化の相違をこえて、かかえていた問題の共通性と同時代性においてであって、日本のリブはそれ固有の内発性を持っていた。だからその成り立ちも主張も、運動のすすめ方も、アメリカのリブとは大きくへだたっていた(2)。そして日本のリブが告発した日本の性差別社会そのものが、アメリカとはちがった社会構造を持っていた。

フェミニズムの多様性を理解するためには、文化背景のちがいを考慮に入れることが不可欠である。そして、この文化相対主義の視点をつうじて、私たちは逆に、自分たちのフェミニズムの固有性を——その特徴と限界とを——知ることができる。そのいみで、日本のフェミニズムとアメリカのフェミニズムとは、お互いを写す鏡になりうるだろう。

2 近代個人主義フェミニズムとしての恋愛結婚イデオロギー

文化はイデオロギー装置として機能する。女のもんだいに限っていうなら、文化は、男性支配を擁護し存続するイデオロギーとしてもはたらく。フェミニスト・イデオロギーは、この男性支配の文化批判をめざすが、男性支配イデオロギーが文化の所産であるように、フェミニスト・イデオロギーもまた、文化の所産であり、かつ同時に文化による制約を受けている。

今から七〇年ばかり前、『青鞜』の創刊によって日本の近代フェミニスト思想が最初の産ぶ声をあげた時、当時の女性たちが女性解放思想として好んでとりあげたテーマに、「恋愛の自由」がある。

恋愛結婚イデオロギーは、まったく近代思想であった(3)。近代主義としての恋愛結婚イデオロギーは、しかし両義性を持っていた。一方で、この輸入近代思想は、歴史上の一時期、たしかに解放思想としての役割を果たした。それは女性たちを、「家」から解放することで、伝統的な家父長制を解体することに手を貸した。だが他方、この近代イデオロギーは、「恋愛＝結婚」という新たな制度をつうじて、伝統家族から逃がれた女性たちを、今度は近代核家族のオリに囲いこんだのだ。この近代型ブルジョア単婚小家族が、資本制下の新たな家父長制支配の様式であることは、しだいに明らかにされてきている。

この近代版家父長制は、「公私の分離」をつうじて、男と女に新たなかたちの性役割を押しつけた。

近年の家族史研究がつぎつぎに明らかにしてきたように、恋愛結婚イデオロギーや、家庭という観念は、近代の産物としてヴィクトリア朝期に、その成立を見たのである(4)。「愛がある」と思いこんでいられるかぎり、女性はよろこんで従順な妻の役割を引きうける。「いつもすまないね、おまえ」と夫がやさしい声をかけてくれさえすれば、妻の労苦などふっとぶ（！）のである。恋愛結婚イデオロギーは、女性を近代核家族の「妻の座」におさめることで、そのセクシュアリティをまことに有効に搾取する装置として作用してきたのだ。

恋愛結婚イデオロギーは、日本に、近代個人主義イデオロギーの一変種として紹介・輸入された。あとで見るように、個人主義とは決して個人の孤立を説くイデオロギーではない。個人主義の一種としての恋愛結婚イデオロギーは、対等なパートナーの間の対等な関係を強調した。恋愛結婚イデオロギーは、男にも、女にも、自分の行動に責任をとる独立した個人であることを要求するが、この当時の日本の近代化の水準は、男と女の個人主義化の度合にアンバランスをもたらし、さまざまなカップルの間に悲喜劇を生んだ(5)。

3　共同体主義フェミニズムとしての母性イデオロギー

恋愛結婚イデオロギーは、個人主義の一形態である。言いかえれば、個人主義が、女と男の関係について表明した言説である。北村透谷のような、「早すぎた近代個人主義者」が、このイデオロギーに魅了されたのも、無理はない。初期のフェミニズム思想もまた、恋愛結婚イデオロギーにふかい影響を受けている。平塚らいてう、神近市子、伊藤野枝、そして高群逸枝らの代表的なフェミニストたちは、彼女たち自身が熱烈な恋愛の実践者であるし、それとともに独自の恋愛論の著者でもある。

この「恋愛の自由」論は、その後もフェミニズム思想の中で途切れることなく生きつづけるが(6)、日本のフェミニズム思想の主流は、恋愛論よりは、むしろ母性主義の方に、展開していく。いま、恋愛結婚イデオロギーを、フェミニズムの個人主義版とすれば、母性イデオロギーは、フェミニズムの共同体主義（コミュナリズム）版(7)、と言ってよいだろう。『青鞜』が発刊されたのは一九一一年（明治四四年）だが、そのわずか七年後に、『青鞜』および『婦人公論』を舞台に、母性保護をめぐって、個人主義フェミニストと共同体主義フェミニストとの間に、深刻な論争が巻き起こされている。そのなかでは、共同体主義フェミニストは優勢を占めた。

フェミニズムの共同体主義版である母性主義と、個人主義とは原則としてあいいれない。というのは、母性主義が基礎を置く母子関係とは、けっして対等な個人のあいだのパートナーシップではないからである。それどころか、母性主義が強調するのは、相互依存、配慮関心、受容——ちょうど、土居健郎が『甘えの構造』（一九七六年）の中で日本社会の特質を記述したような——といったものである。この点から言えば、母性主義的なフェミニズムとは、それ自体集団志向的な日本社会の生んだフェミニスト版日本主義と言えるかもしれない。母性主義は、そうしたものとして、きわめて両義的な性格を持っている。

第一に、母性主義は、言うまでもなく伝統的な家父長制イデオロギーの一部であり、女性を「母」役割に献身するようにしむける役割を果たしてきた。というのは、伝統的な父系直系家族制度のもとでは、女性は、「家」の後継者の母となることをつうじてしか、安定した地位を獲得することができなかったからである。しかし母性主義は、伝統的「家」制度が解体したあとも、核家族の中に生きのびている。母性イデオロギーのもとで、女性は夫婦家族の中の育児専従者としての役割をひきうける。こうして、一人ひとりの女性が、一つひとつの核家族のハコの中に、妻＝母として、しばりつけられている。今日でもほとんどの女性は、女性の自己実現は母親になることをつうじてはじめて達成されると信じており、女性のこの母業への献身によって、日本の子どもたちの高水準の社会化が保証されていると言える。

しかし他方、母性主義は、それが個人主義でないというまさにその理由で、近代社会に対抗するイデオロギーとなりうる。母性主義は、伝統的共同体社会にその根を持っており、その極限的な理念として、共同体主義的なひとつの社会理想を持っていた。フェミニストの間での母性保護論争は、この個人主義派と母性主義派の間の論点のちがいを明らかにしてくれる。以下それを見てみよう。

与謝野晶子が一九一八年（大正七年）の『婦人公論』四月号に、平塚らいてうの母性保護の主張を「依頼主義」として批判すると、その直後、らいてうから「母性保護は依頼主義に非ず」という、激烈な反批判が次号に寄せられた。その後、同年七月に、再び晶子は、『太陽』七月号にらいてう批判を展開する。最後に、山川菊栄が『婦人公論』七月号に、「与謝野・平塚両氏の論争について」という一文を寄せ、どちらの主張も一面的であり、真に正しいのは、両君のディレンマを一挙に解決する社会主義女性解放戦略だと示唆して、けんか両成敗のかたちになった。

与謝野晶子は恋愛詩人として知られ、その夫、鉄幹との間に自由恋愛を全うしたことでも有名である。彼女は、断固とした個人主義の立場をとり、女性は、経済的な独立を手に入れるまで、結婚と出産を控えるべきだと主張した。

もちろん、女性の就業機会がきわめて乏しく、その上、女の一人ぐらしを支えるにも満たない給与水準しかなかったような当時には、女が経済的に自立するまで結婚するな、子を産むな、というのは無理な理想論だが、晶子の個人主義的な主張の背後には、生活能力のない夫、鉄幹に代わって、自分と五人の子どもたちとの生活を、死にもの狂いで支えてきた晶子の自負と、女たちに対する熱いはげましとがあった。

しかし、この個人主義的、別言すれば、ブルジョア近代主義的女性解放論は、平塚らいてうをはじめとする母性派フェミニストたちに、袋叩きにされる運命にあった。この母性主義派フェミニストたちは、その当初から、そして現在も、日本のフェミニズムの主流を構成している。

らいてうは、出産・育児を担う女性が、母性保護を要求するのは必要なばかりか当然でもあると主張した。ただし、この母性は、婚姻制度の中で、個々の女が個々の夫に養われるというかたちで解決されるべきでなく、共同体社会の全体によって支えられなければならない、とした。

女に就業機会を与えない社会で晶子の経済的自立論が非現実なのと同じく、母子年金などビタ一文も出しそうもない当時の政府を考えれば、らいてうの母性保護論も同じくらい非現実的な理想論にすぎなかったが、この二人の理念的・理想論的やりとりは、個人主義フェミニズムと共同体主義フェミニズムとの差異を明確にする上で、興味ぶかい対照を見せている。

この論争を典型として、これ以前からも、またこれ以後も、そして現在もなお「保護か平等か」の選択をめぐって、個人主義フェミニストと母性主義フェミニストとの間には、一貫した対立がつづいている。近代フェミニズム思想の成立のごく初期に、フェミニズムの間の立場の多様性がすでにあらわれていること、その論理的な展開と批判の可能性が、ほとんど出つくしてしまっていることに、私たちは今さらながら驚きを覚える。

4 日本型フェミニズムとアメリカ型フェミニズム

個人主義フェミニズムをその理論的極限にまでおしすすめたフェミニスト思想家に、アメリカのシュラミス・ファイアストーン〔Firestone, 1972〕がいる。彼女の主張は、ついに女性の「産む性」からの解放——母性機能の否定——に至った。その対極に、日本は、母性主義フェミニズムの最大のイデオローグ、高群逸枝を生んだ。高群は、全世界を抱擁するほとんど宗教的な「母性我」の観念をうち立て、支配的な家父長に代わって、慈愛に満ちた「族母」の支配を夢見た。

ラディカルな個人主義フェミニスト、与謝野晶子と、母性主義イデオローグ、高群逸枝との間には、興味ぶかい生活史上の対比がある。晶子は、十一人の子の母であり、大家族を養うために阿修羅のはたらきをした女性だが、同時に、女性の自己実現の道は、母になることばかりではない、と自ら証明した。それに対して、高群逸枝は、子を持たず、その後半生を夫橋本憲三の庇護と献身のもとに、古代女性史の研究にうちこんだ女性であり、かえって女性の「母性我」――もちろん、たんに生物的な「母性」ではなく、より広い意味での母性をさすが(8)――を理想化する傾きがあった。晶子の個人主義が、母親でありもの書きであるという彼女の生活実感から出ているとすれば、高群の族母的ユートピアは、女の「産む性」を過大評価する彼女の理念的偏向から出ていると思われる。

高群に代表される母性イデオロギー、言いかえれば共同体主義フェミニズムは、日本のフェミニズムに根強い伝統としてつづいている。七〇年代のリブが生んだコレクティヴの中にも、共同体志向を持ったものが数多く見られた。その一つ「東京こむうぬ」は、英語の「コミューン（共同体）」と日本語の「子産む」とを意図的にかけたものであり、女と子どもと、そのつれあいの男から成る、「子産み・子育て」の共同体を、その当初からめざしていた。

この点で、アメリカのリブ集団と日本のリブ集団との間には、おもしろい対比が見られる。アメリカの女性のコレクティヴの多くは、レズビアン分離主義に向かった。もちろんレズビアニズムは必ずしも生殖を否定していない。レズビアンで母親の女性はいくらもいる(9)。が、レズビアンの共同体は、基本的には、男を排除した（成人の）女だけの共同体である。レズビアン分離主義のめざす共同体は、見かけ上「共同体主義」と変わらないようだが、その内実は、むしろ、独立した個人と個人との関係を、極限まで理想化した個人主義的共同体だと言える。個人主義フェミニズムのイデオローグ、ファイアストーンは、しばしば誤解を受けているが、生殖は否定しても性《セックス》を否定しているわけではない。個人主義とは、個人の独立を言うばかりでなく、独立した個人どおしの間の関係の樹立をめざすイデオロギーでもある。レヴィ＝ストロースも言うとおり、まことに性（セックス）とは、個人を社会へとさし向けるもっとも根源的な衝動である。レズビアニズムは、独立した個人のあいだの、性愛にもとづく対等な関係を、もっとも純化したかたちで模索しているとも言えるのだ。

興味ぶかいことに、恋愛結婚イデオロギーは、そのもっとも純粋なかたちを、レズビアニズムの中に残しているように思える。レズビアンのカップルは、情緒的な結びつきへと純化された人間関係を、もっとも理想主義的に追い求めている人々だ。最近アメリカで評判を呼んだ『アメリカン・カップルズ』〔Schwantz & Bloomstein, 1983〕の調査によると、夫婦、同棲、ゲイ、レズビアンの四種類のカップルのうち、パートナーの収入・社会的地位・美醜など、要するに関係そのものにとっては外在的な要因にもっとも頓着しないのは、レズビアン・カップルだ、という統計結果が出ている。レズビアンはまた、相手に忠誠を尽くす上でもきわめて一対一婚的な傾向を示す。彼女たちは、対等な人格相互の間に成り立つ情緒的な結びつきに、最大の価値を置いているのである。

個人主義的なフェミニズムは、その論理的な極限に、レズビアン分離主義を生んだ。アメリカでは、このレズビアン分離主義は、思想的にも実践的にもフェミニズムの重要な一翼を占めており、しかもフェミニストの中では、彼女らが政治的には、もっともラディカルで活発である。日本にもレズビアン・フェミニストはいるが、例外的な少数であり、また思想的にも、アメリカでのそれのような力になっていない。このちがいをさして、レズビアニズムに対する日本の無理解、もしくは日本のフェミニズムの後進性を言うのはまちがいであろう。私の眼から見れば、レズビアニズムを極限とするアメリカのフェミニズムは、アメリカ的個人主義思想のフェミニスト版と思えるし、母性主義的な日本のフェミニズムは、日本的集団主義の、これまたフェミニスト版と映る。

5　性差極大化論と極小化論

比較をもう少し明確にしてみよう。一九八三年のＮＷＳＡ（全米女性学会）大会で、マギー・マクファドンは、「差異の解剖――フェミニスト理論の分析をめざして」〔MacFadden, 1983〕というすぐれた報告の中で、従来のフェミニスト思想を、女性性の「極大化論 maximizer」「極小化論 minimizer」の二つの極のあいだの連続線上に、分類してみせた。この分類軸を借りれば、アメリカのフェミニストに比べて日本のフェミニストは、概して、性差「極大化」論の立場をとる傾向があると言える。

日本のフェミニストの一部には、女性はユニークでとくべつな存在であり、男性と比較したりできないと考える人々がある。この論法は、日本人はユニークでとくべつで、他国民と比べられないとする、一部の日本文化論と驚くほど似かよっている。女性がユニークで、男とは絶対的にちがう生きものだとするこの説は、イヴァン・イリイチの「ヴァナキュラー・ジェンダー」〔Illich, 1982〕の思想と通ずるものである。この中でイリイチは「男と女の間の相反補足性」が織りなす調和的な世界像を描いて見せた。一部の日本のフェミニストは、イリイチのジェンダー論を喜んで受け容れた。が、その反対に、その同じジェンダー論は、バークレーのアメリカ人フェミニストたちを、激怒させたのである。

ミッシェル・ロザルド〔Rosaldo, 1974〕が指摘するように、性差を強調する立場は——もちろん女は女につごうよく、男なら男につごうよく——性による隔離が強固に存在している社会で、フェミニストの解放戦略となりやすい。文化的な性的隔離のシステムを変更することが、ほとんど絶望的な社会で、性差「極大化」論者はしくみを変えるかわりに、しくみの解釈を変えようと試みる。しかしそれは男性支配を裏から補完することにしかならない。

だが、文化システムは、「女性の地位」といった一元的なものさしではかるには、もう少しふくざつで入り組んでいる。ロザルドは他方で、性的隔離のシステムが、女性に男性支配の力の及ばない避難所を与え、男の領域から独立した女性の権力をうちたてる可能性をも、見落としていない。

たとえば、日本を訪れたアメリカ人は、公的な会議に女性の姿を見ないこと、宴席に夫人が同伴しないことを指摘して、日本女性の「地位の低さ」を短絡的に結論しがちであるが、同時に家庭内における女性の地位の高さを見て驚くことだろう。日本の妻は、夫の財布のヒモを握っているし——これはアメリカ女性の羨望のまとだ——子どもの教育にかけては、ほとんどオールマイティである。ある意味では、アメリカの女性は、文化的に性的隔離のシステムを欠いているために、「女の領域」を確立することができず、男の世界に個人としてむき出しにされて、対等な競争を強いられているともいえる。アメリカのフェミニストが、過剰に「シスターフッド（女同士の連帯）」を追い求めるも、そのせいかもしれない。

6 フェミニズム戦略のちがい——文化の可能性と限界のなかで

日米フェミニズムのちがいを、もう少しふえんしてみよう。日本のフェミニズムは、アメリカのエリート主義に比べて、よりポピュリズム（民衆主義）的と言える。それは、勝者と敗者を生み出す競争社会の「手段の平等」より、「結果の平等」を重視する。他方、日本のフェミニズムが意図する女性解放とは、女性の一人ひとりを性に関係なく個人として解放するというより、「産む性」としての女性の、種としての解放をめざしている。それは「生産」志向的であるよりは「再生産」（出産・育児）志向的である。

このちがいは、日米のフェミニズム戦略にも、興味ぶかい対比をもたらす。たとえば、男女雇用機会均等法の成立と引き換えに改訂された労基法の女子保護規定をめぐって、とりわけ生理休暇の廃止を焦点として「保護か平等か」が論議の対象になった。政府がつきつけている「保護ぬき平等」か「保護つき性差別」か、という二者択一に対して、日本のフェミニストの多数派の戦略は、「保護も平等も」と言うものであった。日本のフェミニストは法的な母性保護を手放す気はない。たとえ、それが女性の雇用差別に絶好の口実を与えるとしても、である。

「保護も平等も」の要求は、職場の男女平等をめざして保護ヌキでがんばってきたアメリカ人の女性には、理解しがたい、ばかげた主張と映るかもしれない。だが、この日本型フェミニスト戦略は、アメリカ型フェミニズムの平等戦略を、相対化する視座を与えてくれる。男女平等を達成するには、二つの異なったやり方——女性の男性化による「女の男なみ平等」と男性の女性化による「男の女なみ平等」——とがある。「女の男なみ平等」化をめざすことで、女性が自己の再生産能力（出産機能）を、たんに重荷と見なして、それを犠牲にするとしたら、彼女たちは資本制のワナにまんまとひっかかっていることになるのだ。

日本型フェミニズムの究極的なゴールは、社会の母性化、つまりその中では誰もが支えあい、いたわりあっているような「母性社会」の完成にあるようだ。日本文化は、もとより悪名高い集団志向性を持っている。家族の凝集性と、子ども中心的な家族構造とを持っている。そして、フェミニズムもまた、文化の所産として、この特性を、欠陥ぐるみ、帯びているように見える。すなわち、日本型フェミニズムの母性主義志向は、画一的な日本型集団主義の、フェミニスト版一変種だということになりかねないのである。フェミニスト・イデオロギーもまた、文化の所産として、それを生んだ文化の母胎を超えられないかに見える。フェミニズムもまた、文化の限界内に、とどまる。

日本の女性は、フェミニストも含めて、「母になる喜び」——男性支配社会の中で、母になることが苦しみでなく喜びだとして、の話であるが——を、決して放棄しようとはしない。たとえば西ドイツのような西欧社会が、出生率の減少に苦しんでいるのに比べれば、日本の女たちは、まだまだあいかわらず、よろこんで子どもを生みつづけている。

その上、日本の伝統的家族構造は、育児や老親扶養に関して、先進諸外国に比べて、信じられないほどうまく機能しているように見える。日本の保守勢力は、女性に家庭責任を押しつけることで、この家族構造を、維持・強化しようと努めている。たとえば、社会福祉予算の切り下げや児童福祉法の改悪は、女性を伝統的な性分業型の家庭生活の中に、拘束することを意図している。このような政治的文脈の中で、母性イデオロギーの果たす危険性については、言うまでもないだろう。

だが、本来の母性主義フェミニズムの追求するゴールは、女の一人ひとりを単婚家族にしばりつけるような保守派の文化理想とはちがったものだ。それは、母性の共同体的な担い方をめざしている。だが、それでもなお、母性主義の持つ両刃の剣としての危険性に、私たちは心してかからなければならないだろう。

7　日米の「はざま」で

私は、日本の集団志向的な社会への反発から、個人主義的なフェミニストとして自己形成をしてきたけれども、アメリカでのフェミニズム体験は、皮肉なことに、私自身の文化背景を見直すという、文化相対主義的な視点に私を導いた。この視点からは、日米双方のフェミニズムには、それぞれの特長と限界があることが見える。私は、個人主義的かつ日本のフェミニストとして、日米いずれの文化的フェミニズムに対しても、賛否いずれともつかぬ、やっかいな気持ちをかかえたままである。日本に住んでいるアメリカ人フェミニストである私の友人の一人が、ある時、私を評して、あなたは個人主義と共同体主義の二つのフェミニズムの間に、引きさかれているのね、と言ったことがある。私が日米両国のフェミニストに伝えたいことは、私たちの文化に固有のフェミニズムを、その可能性と限界の双方において見るための「脱中心化」＝文化相対主義的な視点を持とうという、ささやかな提案なのである。

＊一九八四年六月二四〜二八日、アメリカ合衆国ニュージャージー州ラトガース大学で、NWSA'84（全米女性学会議第六回年次大会）が開催された。日本人フェミニストとして初の公式セッション「フェミニズムの文化固有性を理解する——日本の場合」（Understanding indigenous feminism : the case of Japan）（司会・上野）を持った。セッションの意図は、アメリカ型フェミニズムの一方的輸出ではなく、日本には日本の文化背景に固有のフェミニズムを考えていかなければならないこと、それをつうじて、逆にアメリカ人フェミニストに、アメリカ型のフェミニズムの文化固有性を理解してもらうことであった。

フェミニズムの国際主義化の中で、ともすれば進歩主義的・進化主義的な、アメリカ中心のバイアスが見受けられるなかで、文化のちがいを認めた相互理解をうったえたこのセッションは、「フェミニズムの多様性」——人種、文化、階級、立場によるフェミニストのあいだのちがいを、おそれることなく受け容れていこうとする本大会の基調にかなったものだった。

セッションの構成は、はじめに上野千鶴子（平安女学院短大教員・シカゴ大学客員研究員）が「個人主義フェミニズムと共同体主義フェミニズム」と題して、日米の文化比較の上に立ったフェミニズムのちがいと、相互理解を強調。次に、アリス・ダン（イリノイ州立大看護学部教員）が「法と女性の身体——日本人フェミニストの『生理休暇』観」を報告。労基法改正問題にふれながら、日本人フェミニストは「保護か平等か」でなく「保護も平等も」要求していること、アメリカ型フェミニズムからはそれが矛盾に聞こえても、逆に日本型フェミニズムの視点からは、アメリカの「男なみ平等」論が相対化されうることを示した。

次に、樫原真理子・高橋真理（栄松堂書店勤務）の二人が、日本初のパートタイマー組合結成の経験をもとに「保護か平等か」の二者択一をせまる政策が、結局女性に家庭責任をおしつけたまま、安価なパートタイム労働力として使い捨てる結果に終わるだけだと、実例と現在のホットな政治状況をおりまぜながら報告、好評をよんだ。最後に上原ユリ子（ジョージ・ワシントン大学女性学部修士課程修了）が先進国内の女性の抑圧が、発展途上国の女性の抑圧と結びついていることを指摘して、全体をしめくくった。〔上野、1984b〕。

本稿は、大会で私が報告した英文原稿を下じきに、日本語版を書き下ろしたものである。

注

（1）NWSA'84 大会の詳細については、べつなところで報告した（上野、1984b）。

（2）柳田国男の「妹の力」以来、わが国でも兄弟対姉妹における「女性の霊的優位」が強調されている。母系制から父系制への移行にともなって、言いかえれば、女が「姉妹の座」から「妻の座」へと移行するにつれて、女性の地位の低下がはじまったとする議論は、おなじみのものである。しかし母系制社会が母系男権（母方オジ権）社会であることは明らかだし、後楯となる有力な兄弟を欠いた姉妹の不幸は、夫を失った未亡人の悲惨に比肩する。「姉妹の優位」説についての批判は、「フェミニスト人類学の地平」『女は世界を救えるか』（勁草書房、一九八六年所収）を参照。

（3）日本のリブ運動の歴史的記述としては、一九八三～八四年にかけて『日本読書新聞』に「乱れた振子――リブ運動の軌跡」と題して連載された、江原由美子さんによる労作がある。『女性解放という思想』勁草書房、一九八五年所収。

（4）恋愛結婚イデオロギーが、中世の宮廷恋愛に源を持ちながら、どのように近代主義として形成されたかについては、井上俊さんの「恋愛結婚の誕生」（1973）というすぐれた論文がある。

（5）上野千鶴子『資本制と家事労働』（1984a）参照。

（5）たとえば、夏目漱石とその「悪妻」鏡子との間の葛藤は、伝統社会の規範の中に生きている妻に、「近代的個人」であることを要求した漱石の悲喜劇と解される。植木枝盛の「契約結婚」、大杉栄の「自由恋愛」も、結局は、伝統規範の中にとどまっている女性を、たんに抑圧する結果に終った。明治期以降の文学を、文化イデオロギーのジェンダー・ギャップという視点からとらえ直すという目ざましい業績に先鞭をつけたのは、駒尺喜美さん（1982）である。

（6）性と愛についての女性の主体性の強調は、フェミニズムの主張の中に、くり返しあらわれる。言いかえれば、フェミニズムは、性の解放をかならず含んでいる。七〇年代リブ運動の標語「抱かれる女から抱く女へ」というのもその一つであろう。

（7）英語の「コミューン commune」には「共同体」という意味があり、「コミュニズム communism」とは、ほんらい「コミューン主義 commune + ism」つまり「共同体主義」のことをさしている。つまり「コミュニズム」は、近代個人主義的な市民社会に対するアンチテーゼとして、共同体志向を含んでいたのである。が、ここでは通常使われる「コミュニズム」（共産主義）との混同を避けるために、「コミュナル communal」＝「共同的な」存在様式を意味する、「コミュナリズム」を採用し、「共同主義」もしくは「共同体主義」という含意で用いる。

（8）生きものを育て、はぐくむ「母性」は、たんに生物学的に母親になった女性の独占物ではなく、子を持たない女性にも、さらには男性にも、持ちうる特性である。教育者や宗教者は、子どもの有無にかかわらず、そうした人格理想を期待されているし、そうしたものとしての「母性我」は、ほとんど宗教的な観念でさえある。自分では終生子どもを持たなかったが、「女性性」の理想型を「母性」においた代表的なイデオローグに、アナイス・ニンがいる。彼女は精神分析――男根主義的な、と今日でははっきり言える――をとおして、母性的な自我理想をかくとくし、ヘンリー・ミラーをはじめとする芸術家たちに対して、「母親」役を果たした。

（9）レズビアニズムにとって、生殖（出産・育児）は、これからの思想的課題になってきている。レズビアンの母親の多くは、かつてヘテロセクシュアルで夫との間に子どもをつくったあと、離婚してレズビアンになったケースがほとんどである。ヘテロセクシュアリティを経験しないレズビアンの女性は、それより世代的に若いが、彼女たちも出産年齢の上限を迎えつつあり、人工受精その他による生殖の可能性を考えはじめている。だが、出生性比をコントロールできない以上、レズビアンの女性が生む子どもの半数は理論的に男児であり、仮に男に父親の役割を拒否したとしても、息子との間の世代間関係を、レズビアニズムがどう処理していくかは、これからの思想的な課題であり、試行錯誤を待つほかない。これまでのところ、生殖と社会化に関する問題は、レズビアニズムの思想的盲点もしくは弱点となっているように思われる。

参考文献

青木やよひ編、一九八三、『フェミニズムの宇宙』新評論。
土居健郎、一九七六、『甘えの構造』弘文堂。
Firestone, Shulamith, 1970, The Dialectics of Sex. NY : Banton.
平塚らいてう、一九一八、「母性保護の主張は依頼主義に非ず」婦人公論3―5。丸岡秀子編、一九七六、『日本婦人問題資料集成』第8巻、思潮篇Ⅰに再収録。ドメス出版。
駒尺喜美、一九八二、『魔女的文学論』三一書房。
Illich, Ivan, 1982, Gender. NY: Pantheon.（抄訳「ヴァナキュラー・ジェンダー」山本哲士編、一九八二、シリーズ・プラグを抜く1『経済セックスとジェンダー』新評論に所収）
井上俊、一九七三、「恋愛結婚の誕生」『死にがいの喪失』筑摩書房。
MacFadden, Maggie, 1983, Anatomy of Difference : Toward a Classification of Feminist Theory.（NWSA'83で報告された未刊行タイプ原稿）
Rasaldo, Michelle Z., 1974, Women, Culture and Society: a Theoretical Overview, in Rosaldo & Lamphere eds., Women, Culture and Society. Stanford : Stanford University Press.
Schwartz, P. & Bloomstein, P., 1983, American Cauples. Morron: NY.
高群逸枝『高群逸枝全集』全8巻、理論社。
上野千鶴子、一九八四a、「資本制と家事労働」日本女性学研究会サマー・セミナー・プロジェクトチーム編『資本主義と家事労働』同プロジェクトチーム刊。上野千鶴子、一九八五、『資本制と家事労働』海鳴社。
上野千鶴子、一九八四b、「フェミニズム――差異超え連帯」朝日新聞夕刊、一九八一年七月一八日号。
山川菊栄、一九一八、「与謝野・平塚両氏の論争について」婦人公論3―7。丸岡秀子編、一九七六、『日本婦人問題資料集成』第8巻、思潮篇Ⅰに再収録。ドメス出版。
与謝野晶子、一九一八、「粘土自像」太陽24―7、博文館。丸岡秀子編、一九七六、に再収録。

Ⅲ

9　近代家族の解体と再編

——核家族の孤立をどう脱け出すか——

1　はじめに

〈近代〉が終焉しつつある。〈近代家族〉もまた「終焉」しつつある(1)。一部の人々は家族が「解体」しつつあると捉えて、自立を求める女たちが、家族の解体に手を貸していると非難する。だが、「解体」されつつあるのは、たんに〈近代家族〉にすぎない。言いかえれば、家族は「解体」ではなく「再編」されつつあると言える。

私はある所で、フェミニズムは「個」の問題ではなく「家族」の問題に収斂する、と述べた(2)。「職業か家庭か」という不毛な二者択一をめぐって争われた戦後の「主婦論争」を論じたときも「主婦論争」を「家庭論争」として読む、という点に分析のポイントがあった(3)。明治から一世紀余り、そして戦後四〇年。高度成長期を通じて完成した日本の「近代」を対象に、家族の前近代・近代・脱近代についてここらでひとわたり概観しておくことは、長期の見通しを持つためにも必要な作業だろう。

2　近代化と女性の分断支配

工業化初期の家族史の研究が進むにつれ、生産領域から隔離された避難所としての近代の「家庭的な家族 domestic family」の概念は、かなり特殊なものであることがしだいに明らかになってきた。それ以前には、家族は生産活動から隔離されることはなかったし、それどころか、家族そのものが一つの閉鎖的な単位として親族集団から独立することさえなかった。フィリップ・アリエスが言うように、大方の誤解に反して、近代が「共同体から解放」したのは、「個人」ではなく「家族」だったのである。

〈近代家族〉の析出は、一言で言って「公私の分離」によって特徴づけられる。その持つ意味は〈家族〉の領域にとり残されたことがら――性・生殖・子供の社会化等――が、私事化された、ということである。それ以前には、生産・育児が「私事」であることはなかったし、性さえも――誰が誰と寝るか、そして結婚するか――「私事」ではなかった。「性事」は「政事」であり、共同体の関心と統制の対象であった。

ところで「公」とは何なのか？　いま社会の集団編成という視点から「公」の領域を見れば、それは、男性たちが〈家族〉領域の外側に作り上げた「男性紐帯 male bond」の集団だということができる。男たちは、企業を同格の同性メンバーから成る排他的な利益集団として作り上げたが、この企業セクターを「公」と呼ぶのは、もちろん何かのまちがいかトリックにほかならない。企業とは、生産手段という資源へのアクセスと、それからの利益の分配を、一定のメンバーの間で排他的に独占する私的集団である。

私企業が、共同体の男性メンバーにとって、かつての村寄合い——「公事《くじ》」——の代用物となったから、この家族を超えた集団を「公」と呼んでいるにすぎない。その意味では、近代以前の日本で、村落共同体を超えるどんな普遍主義的な「公」の概念も育たなかったように、近代日本では私企業を超える「公」的価値の準拠する基盤は成立しなかった。社会の男性メンバーは、あいかわらず企業ムラで、生涯の大半を過ごしていたのである。

この産業社会型労働団の編成が、驚くほど遊牧民の社会に似ていることを、多くの人類学者は指摘している。新石器時代の「農業革命」以降、人類は定住生活に移行したが、一八世紀以降の「工業革命」によって再び移動型の生活——遊牧民が家畜のあとを追って移動するように、産業社会の労働者も、雇用機会を求めて（ジョブ・ハンティングと言うくらいだ）移動する——に移行したとされる。「共同体からの解放」は、文字どおり「土地からの解放」でもあったわけだ。

ところで遊牧民の社会で結成される男性紐帯は、労働団であると同時に強固な軍事組織でもある。

産業社会の生産組織もおそろしく軍事組織に似ている。それはそのまま、経済戦争を勝ち抜くための、産業軍事組織なのである。

この「公私の分離」から成る産業社会の社会編成を模式化してみると、図1のようになるだろうか。産業社会が「公私の分離」によって達成したのは、(1)男性成員の産業軍事組織へのリクルートと組織化、(2)女性成員の私的領域＝〈家族〉への隔離の二つであった。その限りでは、産業化は、その完成形態では、「性別」という変数を原理的に組みこんでおり、最大限に利用したと言える。産業社会が析出した「個人」――この仮説じたいがすでに誤解の産物だが――が、性に不関与だというイヴァン・イリイチの説――「ジーンズのお尻のふくらみ具合いでやっとそれとわかる経済的中性者」(4)――は、この点でも誤りである。

図1　近代モデル

図2　前近代モデル

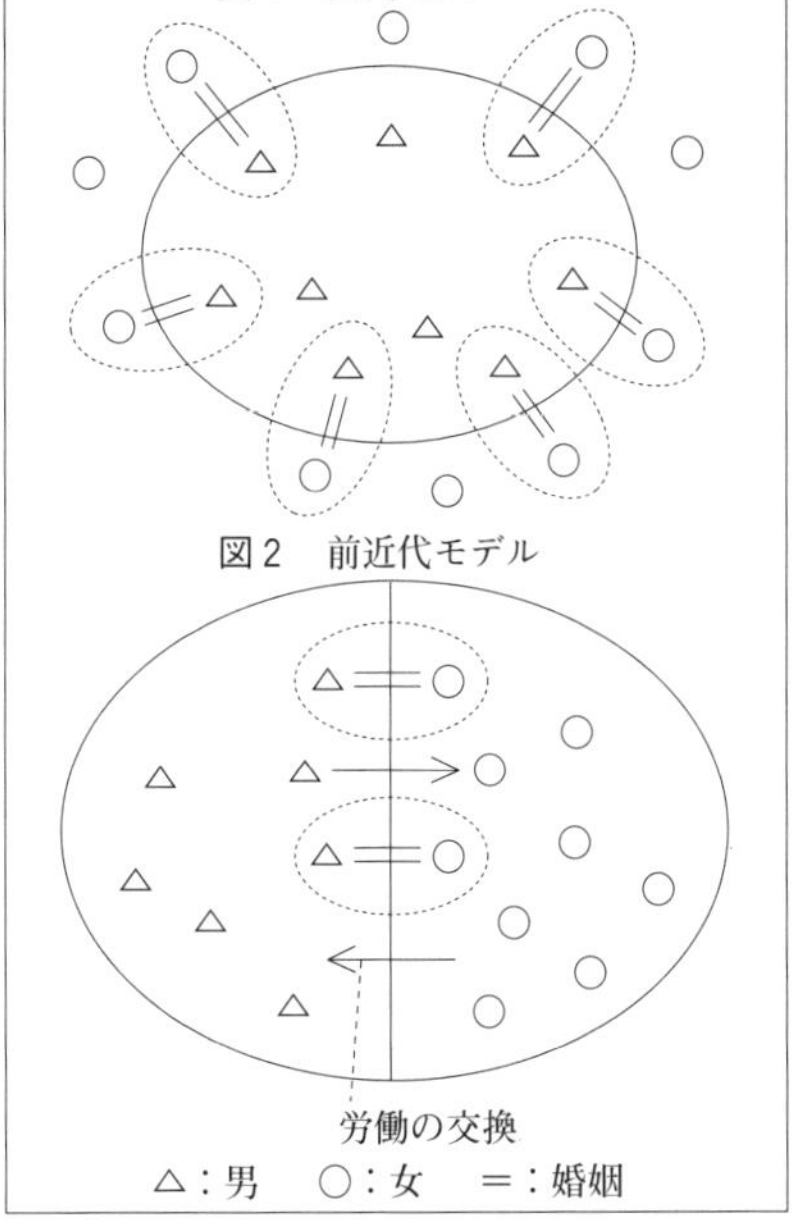

女性の「私領域」への隔離は、「公」からの隔離だけでなく、女性同士のあいだの相互隔離をも含んでいた。夫婦と子ども二人から成る核家族という最小限の社会単位の成立が、女性の社会

からの、そして女性同士からの孤立 isolation を可能にした。核家族という居住単位は、近代以前から広く行なわれていたが、それは孤立した居住単位であったことはなく、いつでも親族集団や近隣集団へと開かれていた。夫婦ゲンカはオモテへ出てする社会——それが前近代にはあったのである。

この女性の孤立と相互隔離が、高度産業社会に共通する「女性問題」の根元であることを、ベティ・フリーダンの『新しい女性の創造（原題 *Feminine mystique*）』は余すところなく描き出している。ドムスの中で「主婦」としての地位を確立したとたん、女性の近代的な従属もまた、完成したのである。〈近代〉が女性の地位を低下させたと言われるのは、このコンテクストである。この男性による女性支配は、古典的な支配の鉄則、分断支配 "divide and rule" にのっとっている。女を黙らせるには、女同士の連帯から引き離し、男仕立てのイデオロギーを吹きこむのがいちばんなのだ。イデオロギーの間尺に合わずにはみ出した女の自我は、シンデレラの靴に自分の足を合わせるみたいに、女の方が勝手に自己を矯めてくれるだろう。

この分断支配は、男女関係の根元的な不均衡についても一つの示唆を与えてくれる。男にとって女はいつも、多様な競合者の間の一人にすぎない。男には、潜在的なオプションの中から、「この女」「あの女」が問題なので、「女一般」が対象にはならない。この性の市場の中で、女はつねに潜在的なライバルとの競合を強いられている。女にとって同性の女はつねに憎むべき敵であって、そのためますます女たちの間の相互隔離は進行する。他方、女にとって、男が代表する社会は、一枚岩的な男性集団と映り、一人の男は男性集団の全体を代表しうる。女にとって「この男」は「あの男」と置換可能であり、そしてそれだからこそ、一人の男が、男一般の代表性を獲得しうることになる。

これはかなりうまくできた男性支配の陰謀であるにちがいない。「公私の分離」を性別配当したことで、ワリを食ったのは女たちだけだった。女は「私領域」に閉じこめられたが、男は「公領域」に「隔離」されたわけでなく、その上分離された「公」と「私」の二つの領域を、往復していたのは男だけだった。こうして男たちは、女を統制し、彼女らを「母」という私的な事業に献身させることを通じて、社会化に異常な長期間を要する高度産業社会の次代の質のいい戦士たちを送り出すことに成功したのである。

3　同性集団とドムス

〈近代〉が女性の地位を悪化させた、という仮説は、一部のフェミニストや社会史学、人類学者によって支持されている。だとしたら彼らが回春を願う、近代以前の「ヴァナキュラー・ジェンダー」（イリイチ）の世界とは、どのようなものだろう。

前近代の共同体的な社会では、「労働が性によって分割」（イリイチ）され、男と女は相互にその「労働の成果を他の性」に手わたしあっていた」(5)（河野信子）と記述される。

多くの〈前近代社会〉で無視できない変数として存在している「身分」という概念を留保すれば、「前階級的 pre-class」な共同体社会では、集団の編成原理は主として〈性〉と〈年齢〉によっていた。

社会集団は〈性〉と〈年齢〉によって分割されており、人々は主として同性・同年齢の集団への帰属意識を強く持っていた。彼らは労働も遊びも含めて、一日の大半をこの同性・同年齢集団の中で過ごしており、家族とは一時的な居住のセッティングにすぎなかった。否、むしろ、家族とはその中でメンバーが自分と異なる性・年齢集団に属するメンバーと接触しうる唯一の機会であり、その間の関係は、儀礼化されない限り、衝突か無理解かのいずれかに至るしかしかたのないようなものだったのである。〈前近代家族〉の情緒的な絆が、私たちが今日考えるよりもっとよそよそしく儀礼的なものであっただろうこと、家族の間の感情的な絆の異様な強調は、〈近代家族〉に固有のものであるらしいことも、家族史の知見は次々に明らかにしている。

しかし〈近代家族〉もまた、異なる性・年齢集団に属するメンバーの集合であるという点では〈前近代家族〉と多くの点を共有している。家族の各メンバーは、それぞれ異なるサブカルチャーに属しており、その内には共存以外にほんらい相互理解などありえない。共存のためにこそ「父」「母」「子」といった儀礼的な役割が発達しているのであり、彼らはお互いに理解しないで——理解しあう必要を感じずに——「夫婦」「親子」を演じているのである。〈近代家族〉劇の悲劇の多くは、この儀礼的な役割配当がすでに機能しなくなったこと、その役割の背後から、アモルフな自我が噴出してきたことによる。アモルフな自我をむき出しにした家族のメンバーは「理解」と「愛情」を求めながら、葛藤と不信の泥沼におちこんでいくほかかない。

ところでイヴァン・イリイチがヨーロッパの中世を素材に、河野信子が対島や壱岐の島の漁村を舞台に描き出す「ヴァナキュラー・ジェンダーの宇宙」で注意すべきことは、この男女別の集団編成が、労働の分割にもとづいていたことである。男性集団も女性集団も、それぞれ異なる仕事に従事する労働団だったのであり、互いに他を必要不可欠とした。男は親族紐帯にもとづいた男性集団を組んで狩猟や漁撈に出かけたが、女たちもまた集団を組んで採集や行商に出かけた。彼女たちは決して孤立していなかったし、女の世界で行なわれる男たちの評定に、男たちも大きく影響された。女たちの世界は独自の価値と資源とを発達させ、男たちのコントロールから大きな自律性を獲得していた。こういう集団編成の中では、婚姻対は、互いに置きかえ可能な同性集団メンバー同士の、一時的な居住の設定にすぎない。夫婦はしばしば同居しないことすらある。この集団編成を模式化すれば図2のようになるだろう。

〈前近代〉〈近代〉の移行期に、この労働の性分割にもとづく共同体的な同性集団の編成――しばしば〈家族〉を自立させない――と、共同体から独立した〈家族〉の概念とを調停した、一種のユートピア的な概念が成立する。それがドムスである。ドムスはしばしば生産＝居住単位としての家、というように記述されるが、孤立した〈家〉が生産単位である可能性は、きわめて例外的な条件下でしか実現されない。

前近代的な共同体では、生産単位はつねに〈家族〉を超えており、他方近代的な〈家族〉は、すでに生産単位としての地位を喪失していた。ドムスが生産単位であるためには、それは十分なテリトリーと資源とを内部に持ち、一組の家長夫婦の婚姻対と他の従属的なメンバー――非婚の兄弟姉妹、使用人、家内奴隷等――を含むような、大家族＝共同体である必要がある。それは〈共同体〉から〈家族〉が析出しようとした時期に、〈共同体〉と〈家族〉の間に矛盾を調停しようとして登場した夢想的なユートピアのように思える。

たとえばジャン・ジャック・ルソーが『新エロイーズ』で描いたクラランの共同体が、このような理想的なドムスであった。このドムスは四季のすべての生産活動をカヴァーし、メンバーがその中でだけ生きるに十分な大きさを持っている。クラランの外の社会は、この家族＝共同体の中に影を落とさない。

しかし、家族＝共同体の同致は、ウルトラC級のマジックの中でしか成立しない。家族と共同体とは、ほんらい編成原理を異にするものであり、家族を共同体に擬することも、逆に共同体を家族に擬することも、いずれもトリッキィである。

現にクラランの理想的なドムスは、家族からひき離された、もしくは家族を持つことを拒まれたメンバーの存在を抜きにしては語れない。もしクラランの中に、二つ以上の婚姻対が並立するとすれば、このドムスはただちに複数のドムスへと分解し、したがって全体は複数のドムスからなる共同体的な連合へと転換するだろうからである。

4　非常識な家族

上述の二つのモデルから、〈近代家族〉が前近代的な共同体から、何を自立させ、何を失ったかが、明らかになっただろう。女性について言えば、女性は労働に基礎を置く同性集団から疎外され、孤立した核家族の中で「性別役割分担」という名の男性支配のもとに従属することになった。

フェミニズムが近代批判の要素を含んでいるとしたら、それが孤立した核家族の中の欺瞞的な「家庭の幸福」を否定して、理想郷と見える前近代型のジェンダー・モデルに訴えるのも無理はない。〈近代家族〉ごと家族の観念を「諸悪の根源」として葬り去りたい人々は、家族生活が逸話にしかすぎないような共同体的な社会編成を目ざす。他方、家族的な設定に多少なりともこだわる人は、自律的な小宇宙であるドムスを夢想する。

もちろん、労働が性によって分割されるような社会編成は、高度産業社会下の技術労働のもとではまったく時代錯誤のナンセンスにすぎないし、現在それを肯定したら、労働市場の性的隔離とそれによる性差別を助長する結果にしか終わらない。ドムスを強調する立場も同じくらい時代錯誤である。ドムスとは、「市民社会」の概念と同じくらい、近代化の初期にブルジョワジーの一部に成立した歴史的にはありもしない夢想的な理想型 Idealtypus にすぎない。過去のモデル化は、現在という時代の「異様さ」を照らし出す光にはなる。だが過去を回春しようとする動きは、いつも危険を孕む。

しかし、〈核家族〉の孤立が女たちのために克服されなければならないとしたら、それはどの方向へ、のりこえられるべきだろうか？　〈近代家族〉の隔離モデルは、もちろん、理念的なモデルにすぎない。「男は仕事・女は家族」の中産階級型規範のたてまえのもとで、多くの女たちはとっくに仕事に出ている。現在既婚女性のマジョリティは働く主婦であり、「家にいる婦《おんな》」は、少数派になりつつある。それどころか一九世紀末からの人口統計を見ると、日本では女子労働力化率は近代化のプロセスを通じて下がったことはなく、たんに労働形態が自営業の家族従業者から雇用者へ変わったにすぎないことがわかる。工業化の遅れた国ではどこでも〈近代家族〉のイデオロギーが浸透する前に女性たちは外での雇用機会を持ってしまうから、「女性の社会参加」が先進諸国より短期間で実現してしまうという逆説がある。

兼業主婦ばかりでなく専業主婦も、今では家に閉じこもってはいない。彼女らは職業という「公」の世界からは閉め出されたが、「公」でもなく「私」でもない第三の空間に、血縁・地縁・社縁いずれにもよらない「選択縁」の社会(6)を作り上げた。この集団が、かつての共同体的な同性・同年齢集団にすこぶる似ているところから、私はこれを「ムスメ宿」ならぬ「オバン宿」と名づけたことがある(7)。思えば先進資本主義国のフェミニストたちは分断を脱して「シスターフッド」の連帯を求めたが、共同体的伝統の記憶が残っている日本では、「シスターフッド」は探すまでもなく、足もとを見ればそこにあったのである。

夫と妻が別々の職場に属するような社会では、家族はすでに労働団を構成しない。その職場は、日本では性別に編成されていることが多い。それは男が幹部要員・女が事務補助、また男が本採用・女がパートのおばさん、というように、男と女の間でほとんど身分格差のあるような性（差）別的な労働市場の編成にもとづいている。ともあれ、女は自分自身の世界と仲間と収入源とを持つようになる。

マジョリティの女が「自己解放」や「自己実現」のためでなく、たんに「家計補助」のために働いているというのは、フェミニストには苦い現実だが、とは言えこの家庭外の労働や社会参加を通じて、女性たちは夫から自律性を獲得しつつあるとは言える。

このセッティングの中で、結婚とは、男女が故あってたまたま同居するようなものになる。女性の家計補助収入が、中産階級なみの暮らしを支えるのに不可欠であり、かつ男も女も子どもを持つことをやめない限り、男女が結婚することはなくならず、大方の不安に反して——少なくとも日本では——離婚率が欧米なみに激増することはありえないと思われるが、結婚や、性愛や、ひいては生殖の私事化は、かえって進行するだろう。

現在でも、日常のもっとも活動的な時間を職場という同性集団の場で過ごす男や女たちは——そちらの方がよほど居心地がよいから、彼らはあれほど長時間を職場ですごしたいにちがいない——同床異夢ですごすほかない睡眠時間を除けば、家族とすごすのはあわただしい朝晩の数時間にすぎない。その「私」領域の中ではじめて、男と女は、自分とちがう集団に属する他者——夫・妻・子ども・老人——に出会うのである。「家族という経験」は、だからほとんど「異文化体験」だと人類学者の端信行氏は指摘する(8)。家族を強制でなく自由意思で組むとしたら、それはこの「異文化と遊ぶ」意思のもとでしかないだろう、と氏は言う。「生産の共同」という確固たる基盤を喪失した家族は、いまや余暇だけを共有する「共同体」ならぬ「共遊体」と化しているのだ、と氏は喝破する。そしてそういうものとして、家族にはあいかわらずの存在意義がある。大方の人々にとっては、家族がいなければ、ヒマがつぶれない、のである。

　だから結婚もレジャーだし、何よりもっともテマヒマのかかるレジャーは子育てである。私事化の極限にあって「親の勝手」でやる子育ては、もっともぜいたくなレジャーとなる。なにしろこれだけカネと時間を食うレジャーもめったにない。子育てを趣味ないしレジャーと考えるのは不謹慎だとお考えの向きもいらっしゃるだろうが、私はこの態度は、親にとっても子にとっても、精神衛生のためにすこぶるよいことだと考えている。第一に、「たかが趣味」だから過度の期待や献身をかけることはバカゲているし、第二に「趣味」であるからにはそれ以外の本業があって当然、ということになる。二四時間育児に献身する母親、というイメージは〈近代家族〉が産んだグロテスクな怪物である。いつの時代も、子育てはことのついでに行なうものだった。

　しかし生殖の私事化が変更されない限り、子育てというレジャーを選んだ夫婦は、自分が選択した価値のために、たとえば海外旅行やスキーといったレジャーと、トレードオフをしなければならなくなる。子持ちの夫婦は「相対的貧困」を覚悟しなければならない(9)。さもなければ、育児というレジャーは、貧乏人には手が届かないぜいたくなレジャーとなろう。現にアメリカでは、子どもの数は一種のステータス・シンボルになっている。余裕のある層だけが、第三子、第四子めを産める。日本でも、出産率は減っているのに出生数が減らないのは、三〇歳代の女性の間に、第三子めを選択する人々がふえているせいだ。

　理想の子ども数は、いつでも潜在的に、その子どもを育て上げるまでにかかる社会化費用によって規定されている。だとすれば、生殖を私事化する代わりに、社会化費用を国家や社会が負担する「生殖の公事化」という選択もある。しかしヒモのつかないカネはない。生殖の公事化が、子どもの出生数、出生時期等について直接の政治的コントロールを招くのは、中国の「一人っ子政策」に見るとおりだ。再生産は、いかに個々の夫婦の選択に任されているように見えようとも、経済的な側面からの間接統制を免れることはできない。だからこそフェミニストは「再生産の政治学 reproductive politics」について語るのだが、だとしても、このレッセ・フェールの自由主義的間接統制は、全体主義的な直接統制よりもまだましにちがいない。

ところで、都市雇用者核家族型、しかも妻も就業しているというダブル・インカム型の家族状況の中で子育てというテマとヒマのかかるレジャーを実践しようとしたら——そのうえ妻の就労は、子どもの社会化費用のために、今や不可欠ときている——家族はどう変わらなければならないだろうか。女性がもはやフルタイムの母親にならず、他の女手も家族の中にないとなれば、その育児ゲームの当のパートナーである夫を、引きこむほかはない。女性たちは、働き、結婚し、その上で子育てをとっくに趣味化してしまったが、今度は男たちをこの趣味に招き入れてあげようというのである。さもなければ、人生の余暇＝老後にあたって、彼らはマが持たないだろう。

女たちが男に要求している育児参加——出産・授乳を除けば、その他のすべての育児活動は男性にもできる、と主張して——は、歴史的に見るとかなり非常識な要求である。そんなこと言ったって、古来子育ては女の領分だ……と男たちが狼狽し、不平を唱え、いっかな納得しそうもないのも無理はない。まして女たちが、出産の経験までシェアしようと夫に分娩のたち合いを要求するに至っては、たいがいの男は怖気づいて逃げ口上を並べたてるに至る。

前近代的な共同体では、子どもは「女・子ども」共同体の付属品だった。子どもは子どもとカテゴライズされている間は女性集団の中で育ち、成人するに及んで女性集団から分離して男性集団の中に入っていった。子育ては女同士が手を貸しあい、まして出産は、男にとってタブーとされる、女だけの世界のできごとだった。男の育児参加を求めて「共同体的な子育て」の源を前近代に求める試みは、性的に隔離された社会集団の編成に出会って挫折するだろう。〈近代家族〉以後の、この脱近代家族モデルの淵源を、歴史の中に探ろうとするすべての試みは無駄である。これは、私たちが直面しつつある前代未聞の非常識な時代に適合した、非常識な要求なのだから。この要求が非常識であることを覚えておくことは、私たちが歴史の経験にもはや学べないような未曾有の時代に直面しつつあるのだということを認識するためにはいいことだろう。

家族のメンバーがそれぞれ異なったサブカルチャーに属しながら、好きこのんで「共遊」しあうというこの脱近代型家族モデルを「分散連合型」と名づけておこう。これをモデル化すれば図3のようになるだろう。ここではかつて男だけが往復した「公私の分離」のあいだを、女もまた往復することになる。これはかなりスキゾフレニックな生活である。

乳児をかかえたある母親は、子どもを「石器時代人」と呼んだ。なるほど、成人の生活が文化によって多様化しているほどに子どもは多様化していない。二〇世紀の私たちは、子どもといる石器時代的な時間と、高度産業社会の時間差の四万年くらいを、毎日往復しなければならない。この生活は、しかし産業社会からオリられない大多数の日本人にとって、不可避なライフスタイルだろう。このスキゾフレニックな生活は、一方で大人たち自身のためにもプラスのように思われる。私たちの身体は、それ自身が四万年の時間を内部に蓄積しているのだから、その基層にある時間を時々とり戻すのはいいことだろう。

　他方で近代人が強いられるこのスキゾフレニックな生活を「疎外」と感じて、「子どもの時間」に、大人の生活を全面的に合わせるべきだと考える人々もいる。そのためには産業社会型の組織化された労働からオリて、家族を労働団にするようなチョイスが考えられる。脱サラでペンション経営にのり出した若夫婦や、子どもを連れて農場を始めたカップルがいる。彼らは子どもを自然の中で育てられて幸せだ、と述懐する。

　だが、すべての人間がこんな生活をできるわけではないし、皮肉なことに、彼

図3　脱近代モデル（分散連合型）

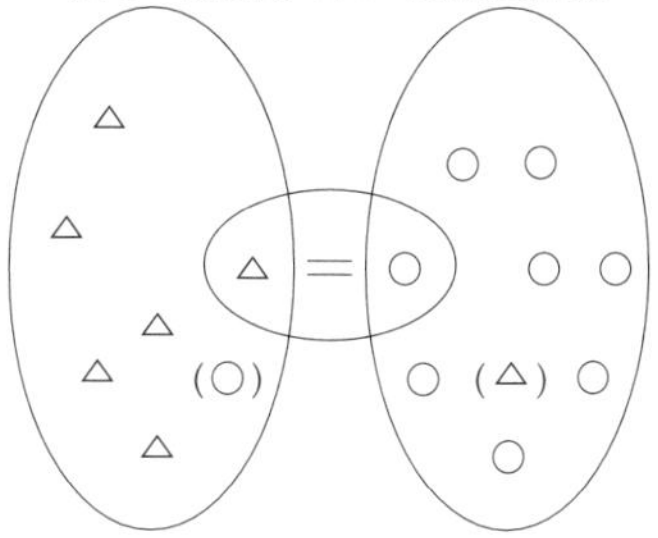

図4　核家族（カップル）連合型

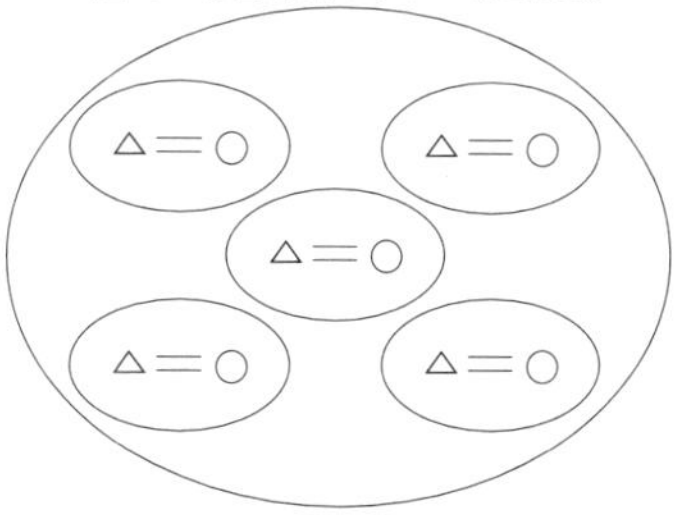

△：男　○：女　＝：婚姻

らのペンション業や無農薬野菜そのものが、都市型住民の需要によって成り立っている。しかも当の「石器時代人」はあっという間に大きくなって二〇世紀のテクノロジー文明の汚染から隔離しておくのは至難である。しかもこのタイプの家族は「女の隔離」どころか「家族ぐるみの隔離」を、「公」から退避することで積極的に選びとっているように見える。ともあれ、これは万人向けの戦略とは言えない。

核家族の孤立から脱け出すもう一つの方法がある。それはカップル単位の「核家族連合」型である（図4）。この型は、近代市民社会型の共同性の創出のためには、比較的イメージされやすい。だが、私はあえてこのモデルを示唆しなかった。このモデルは非現実的なばかりか、女性にとって得策とも思えないからである。

第一に、家族が単位となるようなこのモデルでは、家族が生活単位として、実体的な基盤を持っていなければならない。自営業者でもない限り、こうした単位の確立は無理である。夫と妻がべつべつの就労機会を持つような労働環境の中で家族がかりそめの居場所にすぎなくなりつつある今日、これを「レジャー」として積極的に選びとる以外に、家族を実体視するどんな見方も、有害無益である。第二に、この「家族単位」の設定は、家族メンバーの自由を制限する。とりわけ離婚率が高まった現在、パートナーが交替すれば、カップルの片方、主に妻の側が、家族単位の社会生活のほとんどすべてを失うはめになる。夫と妻、親と子の生活領域がますます分離している今日、この間を擬制的な紐帯でつなぎとめるやり方は、時代錯誤以外の何ものでもない。

私たちにとって必要なのは〈近代家族〉が解体してしまったこと、つまり〈家族〉が変質してしまったという現実を率直に受けとめて、そのプラス面を積極的に受け容れていくことでしかない。そうやって得られた〈家族〉像が、過去のどの家族とも似ても似つかない「非常識」なものであったとしても、私たちは過去の経験よりは自分たちの現実の方を信じるべきなのだ。

5 おわりに

最後にいくつかの補足をしておこう。

私はヘテロセクシュアルな〈対〉だけを〈家族〉と呼んで、同性のカップル、友人から成る世帯を〈家族〉とよばなかった。それは第一にホモセクシュアルなカップルは、サブカルチャーを共有する同性集団の延長上にあることと、第二に、彼らは再生産をしないことで〈家族〉の定義からはずれているからである。もちろん〈家族〉の定義は人類学ではとっくに解体しているし、〈家族〉をもし私的な親密さを分かちあう居住共同体とだけ考えれば、その中に血縁やヘテロセクシュアリティによらない性・年齢を異にしたメンバーが存在してもよい。しかしいずれにしても、子育てがもっともテマヒマのかかる「共遊」のレジャーである事情は変わらないだろうし、人間の子どもの長期にわたる社会化が、成人メンバーの間の、多少なりとも安定的に持続した関係をもたらす物質的な基盤になる、という事情にそう変わりはないだろう。いずれにせよ、再生産を、これまでの性別役割分担型の〈近代家族〉モデルで考えることは、とっくに破産しているのである。

「分散連合」型の社会編成は、核家族化が早くから成立してカップル文化が確立した欧米圏より、同性集団から成る性的隔離が社会編成の基盤の一つになっているアジア型――というより非西欧型――の社会で、より容易に達成可能だろう。性的隔離のある社会では、男も女も自律的な領域を、べつべつに発展させることが伝統的に容易であり、互いに他に対して不干渉の傾向があるからである。たとえ「相互に期待水準の低い夫婦」と批判されようとも、夫婦の間のこの相互の自律性は、高度産業社会のスキゾフレニックなライフスタイルにフィットするばかりでなく、かつ婚姻の安定度にも資するだろう。

しかし最後にさらに付け加えておかなければならないことがある。この隔離された同性集団の中に、現在異性のメンバーが参入しつつあることである。同格の同僚としての女性の職場への参入を、誰も押しとどめることはできないし、女の世界と思われていた領域にも、ハウスハズバンドや保父さんが登場している。女たちのコミュニティ活動は、男たちをも巻きこんでいる。ごく近い将来、この同性集団は同性集団でなくなって混性集団となるだろう。そうなれば、男も女も、「私」領域の中だけでなく「公」領域の中でも、異性とつきあう方法を学ばねばならなくなる。「公」的な集団の中に、ヘテロセクシュアルな〈対〉の一方としてつねに登場するカップル型の連合とちがって、個人が性的にニュートラライズされて登場する「分散連合」型の社会は、複数の性を含む労働団の編成にも、プラスに働くことだろう。

注

（1）落合恵美子「近代家族の誕生と終焉」『現代思想』一九八五年六月号、青土社。
（2）なぜなら、黒人解放運動や部落解放運動、障害者解放運動が「個人」としての人権に還元されるのに、女性解放運動だけは「産む性」として「再生産」の視座を持ちこむからである。吉本隆明・上野千鶴子対談「フェミニズムと家族の無意識」『現代思想』一九八五年六月号（吉本隆明対談集『難しい話題』青土社、一九八六年）。
（3）上野千鶴子編『主婦論争を読む』Ⅰ・Ⅱ、勁草書房、一九八二年。
（4）イヴァン・イリイチ、玉野井芳郎訳『ジェンダー』岩波書店、一九八四年。
（5）樺山紘一・山本哲士編『性・労働・婚姻の噴流』シリーズ・プラグを抜く6、新評論、一九八四年。
（6）上野千鶴子「祭りと共同体」井上俊編『地域文化の社会学』世界思想社、一九八三年。
（7）上野千鶴子「オバン宿」共同討議・新世相探険、朝日新聞一九八五年六月一五日付夕刊（大阪版）。
（8）民族学博物館主宰シンポジウム「日本人の人間関係」（一九八五年二月二〇―二二日）における氏の発言。ドメス出版より同名で近刊予定。
（9）上野千鶴子『資本制と家事労働』海鳴社、一九八五年参照。

10　家族の空想社会科学

1　SF作家の想像力

女と男のあいだにもし性差がなかったら——という仮定は、SF作家の心をそそるテーマの一つにちがいない。SFは長いあいだ、タイムマシンや光速の宇宙船など、テクノロジーの進歩を前提にした未来社会のイメージを思考実験してきた。だが、生命科学や遺伝子工学が発達して、クローン人間だの試験管ベイビーだのが夢ではなくなってきた今日、フロイトのように解剖学的性差を宿命だと思うかわりに、生物学的与件を変更する可能性を、あれこれ考えてみることは興味深い思考実験だろう。

現に、一九七〇年代以降、女性解放運動のインパクトを受けて登場したフェミニストSFは、性差についての大胆な空想を、わたしたちの前に示してくれる。フェミニストSFの古典、アーシュラ・ル・グィンの『闇の左手』（原書、一九六九年。小尾芙佐訳、早川書房、一九七七年）は、発情期にだけ男と女に分かれる人種の住む天体を描いている。また、シャーロット・ギルマンの『フェミニジア』（原書、一九一五年。三輪妙子訳、現代書館、一九七五年）は、代々女が女だけを産みつづける、単性生殖の共同体を想定したものである。

文明の技術的限界や人間の生物学的必然を、空想の力によって突破するのがSFだとしたら、変化の物質的な側面にSFの描写は行き届いても――これをハードSFと言う――物質的な変化がもたらす社会構造や人間関係の変化――これをソフトSFと呼ぼう――に、これまでSF作家の想像力は十分に及んでこなかったように見える。つまり、変化した物質環境のなかでも、主人公は私たちにおなじみの反応のしかたで泣いたり笑ったりし、あいかわらずの夫婦・親子という人間関係をくり返す。進歩したはずの物質環境にくらべて、登場人物たちの心理や社会関係は、あきれるほど旧態依然たるものである。

マルクスは、あるとき「共産主義社会になったら、未来の人類たちは何を感じたりのぞんだりするようになるのだろうか」と問われて、「この社会で人格形成されてしまった私たちには、未来の人類の感情や思考について、想像することはできない」と賢明にも答を避けている。が、テクノロジーに空想の翼をはばたかすだけがSFではなく、人間の心理や社会構造について、大胆な思考実験を行なってみるのも、SFの役割だろう。つまり、これまでのSFには、空想科学はあっても、SSF――空想社会科学は、欠けていたのである。

SFファンの友人が、ある時、都市研究者の集まりで「未来都市」という報告をしたことがある。

彼はSFにあらわれた未来都市のイメージを百枚以上におよぶスライドで見せてくれたが、そこではっきりしたのは、テクノロジーについてのSF作家の想像力にもかかわらず、社会構造についての彼らのイメージは、あきれかえるほど単調で時代錯誤だということだった。『宇宙戦艦ヤマト』に出てくる「ヤマト」の国がしかり。つまりほとんどの社会が、「王国」または「帝国」なのだ。その厳格な身分制秩序は、視覚的にもピラミッド型に反映されていて、下には奴隷や「地底人」が、上層には貴族、トップには専制君主が位置する、というあんばいだ。

社会構造が、さながら「古代帝国」であれば、家族の構造——女と男の関係もまた旧態依然としたものになるのはやむをえない。未来社会の中でも、あいかわらず、りりしくたくましい青年が、美しくかよわい少女を危地から救い出すために、大活躍することになる。主人公の少年と少女の設定は、基本的には永遠のポパイとオリーブの関係と変わらない。SF作家——ことに男性の——の想像力は、女と男の関係という領域について、もっとも貧困なように思われる。

わたしが日本でもっとも良質のSF作家と考えている筒井康隆氏は、ある微細な物理的・生理的な環境変化から、人間の心理や行動がグロテスクに変形していくさまを描くのに天才的な想像力を持った人だが、それにしては彼がくり返し描く「妻」や「子」との関係は、信じがたいほどステレオタイプだ。氏の小説に出てくる「妻」という名の女は、ただ美しいだけのもっぱら受動的で依存的な存在である。こういう現実を眼にすると、女との関係は、男性作家の想像力が最後に及ぶ「聖域」——つまり、手つかずに保存しておきたいノスタルジックな領域なのか、と、ついかんぐりたくもなる。

女性SF作家にとっては、むしろ、女と男の関係こそが、主要なテーマになる。彼女たちの空想は、性差の生物学的な決定という条件がもし変化すれば、という仮定から出発して、社会構造にまで及ぶ。「性《ジェンダー》」というカテゴリーは、フェミニズムによって、SFの世界にももたらされたのである。

フェミニストSFの出発点になる仮定は「もし世の中に、一つのセックスしかなかったら？」というものだ。しかし、この社会も、再生産の課題にこたえなければならないから、そのやり方には、二とおりの可能性がある。第一は、両性具有の個体が、一定の期間にだけ発情期に入り、雌雄分化してつがいあったあと再び単一の性にもどる、という方法である。第二は、女が女だけを産みつづける、という処女生殖のユートピアである。

アーシュラ・ル・グィンは『闇の左手』で、ゲセンという惑星に住むケメル―ソメルという発情周期を持つカルハイド人、という奇想天外な設定をして見せた。彼らは二六〜二八日周期で、数日間持続するケメルという発情期に入り、この間にパートナーを見つける。発情期にどの個体がメスになったりオスになったりするかが予め固定していれば、孕む・孕ませるの性差別が再生産されるから、どの性になるかは、発情期に入ってみるまでわからない、という設定になっている。いつ、だれが、メスになり、母になるかわからないのだから――総理大臣がとつぜん妊娠したりする――、「産む性」だからといって、差別しようがないわけだ。

この天体を、地球人であるミスタ・アイ（名前のとおり、男性である）が訪れる。かれは、カルハイド人の性の生理――どの個体もおとこおんなである――に驚くが、カルハイド人の方は、おとこに固定したままのミスタ・アイを見て、「では、あなたがたの世界では、だれもがケメル（発情期）に入ったまま、一生涯それが持続するというわけですな」と、異形の者でもあるかのようにじろじろながめる、というぐあいだ。ミスタ・アイの方は、最後の脱出行をともにした、元政府高官のエストラーベンが、逃避行の最中にとつぜんケメルに入る――つまり、ミスタ・アイというおとこを前におんなになる、という変化を目のあたりにして混乱をきたしたりする。

大脳生理学者、千葉康則氏によれば、生物にとって性差が意味を持つのは繁殖に関してだけだから、生殖期の以前にもし（つまりコドモ時代）そして以後にも（更年期のあと）、オスはオスらしく、メスはメスらしく、が求められる人間の文化とは、生物学的に見て、きわめて奇妙なものだ、という。ミスタ・アイの困惑は、「男と女って、生まれたときからちがうんですよね」という性差の自明性を、揺さぶられたことによるものだ。

しかし、せっかくこれだけ奇想天外な設定をしておきながら、ル・グィンの筆は、性差のない社会のSSFについて、十分な空想の翼をのばしていない。カルハイド人の社会では、行動においても思考においても性的二型性は発達しない。すべての個体が出産の義務を持っているから、「産む性」は、差別の根拠にならない。しかし、ル・グィンの空想は、そこでとまる。

カルハイド人の両性具有性がもたらす社会構造への影響は、思いのほか小さなものである。性と婚姻の制度については、カルハイド人は、都市部ではケメル・ハウスでケメル期にある相手となら手あたりしだいに乱交するが、田舎では、「ケメルの誓い」を立てた相手を一生の伴侶として、一対一婚を守る傾向がある。性と婚姻の制度的な多様性についてなら、モルガンのような人類学者の方が、はるかに徹底的に、可能な形態の一覧表を作っている。しかも、この乱婚も一対一婚も、ゲセンの社会構造にはなんら影響を及ぼさない。ミスタ・アイの訪れたオルゴレインという国は、狷介な君主が支配し、高官たちの間で陰謀政治がうず巻く専制君主国である。かれらの両性具有性は、ここでは、感じ方や行動のしかた、組織の組みかたに、何の影響も与えていない。歴史の中のどこにでもありそうな、狭量でマキャベリ的な、小専制国家が戯画化して描かれているにすぎない。

2　両性具有のユートピア

『闇の左手』に比べると、二〇世紀の初め、第一波フェミニズムに属するギルマンの『フェミニジア』は、性差のない社会の社会構造について、もっとはっきりしたモデルを提示している。

フェミニジアは、女だけが住む処女生殖のユートピア。「女だけの国」は、古今東西、人類の想像力をさまざまにかき立ててきたが、ギルマンが、これまでのどの呼び名ともちがって「フェミニジア」という新しい造語をしたのは、第一に、好戦的なアマゾネスとはちがって、フェミニジアは、平和を愛する女たちの世界であること、第二に、サッフォーのレスボス島とはちがって、フェミニジアの住人は生殖のためにも快楽のためにもセックスが存在しない、セックスレスの社会であることである。第三に、したがって女だけの世界に「女護ヶ島」の期待を抱く男たちの夢想をも裏切って、フェミニジアに迷いこんだ現代地球人の男たちは、性的にはすこしも「いい思い」を味わえないのである。そのため、フェミニジアは、処女生殖を行なう尼さんたちの共同体、といった、クリーンで理想主義的なおもむきを見せる。

平和を愛する女だけのコミュニティ、というのは、レズビアン分離主義者《セパレーティスト》の夢見るユートピアだが、レズビアニズムは、セックスを否定したことはない。たとえ生殖と分離されようと、快楽としてのセックスが人と人とをつなぐ限り、そこには、つがいの問題——不特定多数とつがう（乱婚）か、特定のパートナーとつがう（一対一婚）か——が残る。つまり、婚姻と家族の問題がのこる。フェミニジアは、セックスをたなあげすることで、この問題を回避する。成熟したフェミニジアの女たちは、ある時、あつくかたく「母になりたい」と願うだけで、のぞみどおり妊娠するのである。

レズビアン・コミュニティが、世代をこえて存続するためには、生殖という課題にこたえなければならないが、そこでもう一つの決定的な問題は、母親が女でも、生まれてくる子どもは男か女か選べない、という事実である。創設者たちによる初代のレズビアン・コミュニティは、男の子を殺すか手放すかしない限り、二世代めには男女混成の集団にならざるをえない。ギルマンはここでもまた、「女たちはなぜだか女の子しか産まなくなったのです」と、この問いを避けている。

だから正確に言えば、ギルマンの描く「フェミニジア」は「女だけの国」というより、「単性生殖する両性具有者の社会」と呼ぶ方が当たっている。というのは、おんながおとこを対概念としてできた概念だとしたら、ここにいるのはおとこを必要としないおんな、もはやおんなであることを超えた存在だからである。

ふたりとも両性具有的な単一の性から成る社会を扱いながら、ギルマンがル・グィンを超えている点は、かの女が社会構造についての思考実験を行なっていることである。

発情期に雌雄が分かれて両性生殖をするゲセンとちがって、生殖に性がともなわないフェミニジアでは、つがいが、つまり婚姻と家族とが、成立しない。フェミニジアは、個人と全体、だけが存在し、そのあいだに対や家族という媒介項のない社会なのである。個人はつねに全体のことを考えながら行動し、全体の利益を代弁する。子どもは社会全体の子であり、あらゆる人々から愛情と配慮を受けて育つ。

同じことがらを否定的な側面から見れば、個人が全体に埋没し、全体から搾取されるおそるべき抑圧型の全体主義社会、という感がなきにしもあらずだが、フェミニジアが理想郷としてうまくいっているのは、この両性具有の人々が、ほかならぬ「女性原理」――近代西欧がおとしめ排除してきた――を体現していることによる。そしてこのイデオロギー性が、これがたんにおんなのSFではなく、フェミニストSFであるゆえんである。

フェミニジアの人々は、争いを好まず、忍耐づよく、寛大で、あたたかい。全体主義どころか、一人ひとりの個性を、抑えず損なわず、のばしたいと願っている。一人は全体のために動くが、全体はひとりのことを考える。つまりここには、フェミニジアの人々がもっとも高く評価する「母性」のあらゆる良き側面が、表現されているのである。

もちろん、鬼子母神伝説やユングの「グレート・マザー」説に見るように、母性にはその闇の面もあるから、手ばなしで礼賛できるわけではない。私じしんは、母性のネガティヴな面に、さんざん被害を受けてきたという思いがあるから、母性型支配は、内面支配の抑圧型寛容の代名詞にすぎない、と思っている。

一方、女だけの社会が、かぎりなく管理社会に近づく、という悪夢を描いたのが、鈴木いづみの『女と女の世の中』(一九七八年、早川書房)だ。ここでは両性生殖が行なわれているが、子種をのこす男たちは、数が少ないばかりか、危険で劣った生き物として、強制収容所に入れられている。生殖は人工授精で行なわれ、妊娠とは「病院へ行ってするもの」である。この未来社会は、男性を抑圧した女性支配の社会だが、そこには「母権制」のファンタジーはかけらもなくて、あるのは収容所と秘密警察に支えられた、いんうつな管理社会である。競争と葛藤によってつき動かされた「男性社会」が自滅したあとに登場した、この「女性社会」は、自分がのぞんでかくとくしたわけではない女性原理のおかげで、生産性の低い、低成長の社会である。食べものは乏しく、生活は貧しい。「だけど、文句を言っちゃだめよ」と、姉は妹をたしなめる。「母性」も「女性原理」も、いつでも肯定的なものとはかぎらないのである。その上、女だけの世の中になっても、女が「女性原理」で支配するとはかぎらない。女は男なみに、あるいは男よりもっと悪いしかたで、抑圧や搾取を始めるかもしれないのだ。

3 異性「愛」の神話

興味ぶかいことに、女だけのポジティヴなユートピア、ギルマンの『フェミニジア』も、そのネガティヴな逆ユートピア、鈴木いづみの『女と女の世の中』も、その世界を一面的な欠けたものとして描いていて、そこからの脱出口を、おとことおんなのつがいに求める、という解決策では一致している。理想郷フェミニジアの住人エラドーでさえ、アメリカ人男性のヴァン――西欧＝近代の男性中心主義を、アメリカが代表している、というわけだ――と、手をたずさえて、「女と男の世の中」をつくる展望を探りに、混乱と汚染の現代へと、フェミニジアをあとにする。『女と女の世の中』の少女は、自分とははっきり異質の生物、しかし愛情と敬意を払うことのできる男性という生きものに出会って、混乱のうちに豊かな展望をかいま見る。「女と男、両方いるのが自然なのさ」――と、登場人物の男は言い、女だけの世界に住む女主人公たちさえ、それに同意する。

この中に、近代＝西欧の産物であるロマンチック・ラヴのイデオロギー――女たちがこうもやすやすとひっかかる「愛」という罠！――を見てとるのはかんたんだが、ともあれ「女だけの世の中」に何が欠けているのか、考えてみることにしよう。

フェミニジアと対比された現代社会は、犯罪、戦争、公害、貧困が横行するまったく救いようのない「男性社会」として描かれているが、この社会に、フェミニジアの住人が、いったいどんな展望を持つことができるのだろう。逆に、この世界に、フェミニジアの住人を連れ出すことに、「愛の神話」以外に――もちろん故郷に帰りたがっているヴァンは、エラドーに、「きみさえいればどんな困難にだって耐えていける」「きみは全世界だ」とばかり、「愛」にのぼせあがっている――いったいどんな意味があるのだろう。フェミニジアが男性社会に踏みにじられる代わりに、男性社会の方が、フェミニジアの原理によって救済されるとでも言うのだろうか。その上、ギルマンは、この地球が「男性社会」でさえなくて、実は男女両性がそなわった社会――フェミニジアの住人が自分たちを欠けたものと考えて、あこがれつづけた「両性社会」――であることを忘れている。この社会のあらゆる欠陥は、いわば男女両性が共同してつくり上げてきたものだというのに。

女だけの世の中から脱け出した先には、つがいがある。異質なもののあいだの関係――「愛」がある。ギルマンもどうやら、遍在化した集団的な愛よりも、個人と個人のあいだに成り立つ強い情緒的・身体的なきずなの方を、高く評価しているように思える。このロマンチック・ラヴへのファンタジーが、近代=西欧の個人主義に固有の偏執だとは、ここでは言うまい。

レズビアン・ラヴァーズも、愛の神話には忠実だ。だが、彼女たちのモノガミー（一対一婚）的な愛は、異性愛の場合よりもより自己愛に似ている。異性「愛」の神話の中で、ギルマンも鈴木いづみも、女と男の「相補性の宇宙」を夢見ているように思われる。

4　フェミニストSFの可能性

性差についての思考実験は、何もSFの専売特許ではない。歴史学と人類学は、過去の社会と未開社会の中に、性差にもとづく社会の編成の、ほとんどありとあらゆる可能性を探ってきた。ただし、社会科学は生物学的与件を変更することができないから、両性具有や女だけの社会を構想することはできない。だから女と男の両性がそなわった社会のさまざまな多様性を、母権制から原始平等社会に至るまで、社会科学は探ってきたのである。

性差を否定できない社会で、女と男の異質性が調和した社会を考えようとすれば、イヴァン・イリイチが『ジェンダー』(一九八二年、玉野井芳郎訳、岩波書店、一九八四年)で構想したような、男女の「相反補足性」の宇宙が思い浮かぶ。イリイチは、男女の相互依存と調和が、非西欧・非近代の社会には実在した、と主張するが、この主張のあやまりはさておこう。仮に実在したとしても、「相反補足性」の宇宙は、フェミニストのファンタジーになりうるだろうか?

女と男のあいだの異質性・相補性を考えるとすれば、フェミニジアがみごとに描き出してくれた「女性原理」――実は「母性原理」のことだが――に比して、それと調和的で相互補完的な「男性原理」とは、いったい何なのだろう。フェミニジアには、いったい何が欠けているから、それを導入しなければならないのだろう。

フェミニジアを訪れた三人のアメリカ人の男性、テリー、ジェフ、ヴァンのうち、テリーは攻撃的な女性差別主義者、ジェフはひたすらな女性賛美者で、唯一ヴァンだけが、まともに「人間として」フェミニジアの住人とコミュニケーションを持つことができる。テリーとジェフは、「男性原理」のネガとポジの両極の体現者であり、ヴァンはもっともニュートラルな存在だが、そのヴァンにとって、「男性原理」とは何なのか。彼が体現するはずの「男性原理」は、きわめてイメージの稀薄なものである。それどころか、ヴァンは、自分と同じように知性と感性と判断力を待った人間として、女を対等に――テリーのように過小評価も、ジェフのように過大評価もせず――あつかうことのできる、ほとんどアンドロジナスな男性である。

このヴァンに配するフェミニジアの住人エラドーは、男性支配の圧力からのびのび自由に自分の個性や能力を伸ばしてきた、女学校の優等生のおもむきがある。つまり、ヴァンがおとこであるワナから自由であるのと同じくらい、エラドーもまたおんなである桎梏から自由な、ふたりの人間、なのだ。ヴァンとエラドーの組み合わせは、性差にもとづく相補性という仮説を、その実質において否定してしまっている。もっとも女が能力を伸ばせるのは、男から離れた「女の解放区」の中でしかない、という教訓を「フェミニジア」は含んでいるかもしれない。

もう一度、問いを出発点に戻そう。「愛」の神話をこえて、つがいが社会構造にもたらす帰結とは何か？――それは「家族」という制度である。フェミニジアという一種の全体主義社会が欠いているのは、家族という制度なのである。

性差にかかわる社会編成の、さまざまな現代的実験のうち、レズビアン・コミュニティは、つがいと家族を否定しないが、生殖の問題を解決することができない。再生産は、レズビアニズムのネックになっている。仮に人工授精が可能でも、レズビアン・コミュニティに生まれ落ちてくる男児たちの処遇と、彼らを含みこんだ次の世代のコミュニティの編成について、レズビアニズムは今のところ何の回答も持たない。

他方、つがいと家族を解体する一方で、「集団的親性」で再生産の課題を解決しようとする、イスラエルのキブツのような実験もある。ゲイのコミュニティは、同じホモセクシュアルでもレズビアンとちがって、つがいも再生産も、ともに否定しようとするアナーキーな集団だ。かれらが国家を編成したら、どうなるのだろう？

つがいとそれから産まれる子ども——つまり「家族」という制度を欠いた社会を想像することはむずかしい。他方、家族を欠けば、「個人」はあかはだかで「全体」にむき出されて、父性型の暴力的な抑圧か、さもなくば母性の抑圧的寛容のいずれかにからめとられるのがオチのようだ。両性具有の単性社会が、その肯定的なかたちであれ否定的なかたちであれ、欠いているのは、このつがいとそれにもとづく家族という制度であって、ギルマンも鈴木いづみも「愛」という神話をつうじてその可能性をかいまみているように見える。

家族という制度は、なくならないし、なくすべきでもないだろうというのが、年来の私の意見だが、とはいえ、ベティ・フリーダンの言うように、「家族」の内実が多様化しつつあるのはたしかである。

ファイアストーンは、家族の未来について、つがいが排他的につがいでいる必要があるのは、子どもが両親を必要とする一〇年あまりのことであり、その後は、子どもは自分が育ちたい家庭を自由意思で選べるようにし、かつ親たちも、自由意思で家族の解散や再編を決めるようにすべきだと提言している。そうなってもなお、子どもとの共生を積極的に選ぶ人はいるだろうし、そうなれば、家族をつくる人、つくらない人、また生涯のある時期に家族を待ったり持たなかったりする――もちろん家族を組む相手は、性も年齢も問わない――オプションの自由が、私たちに開かれるようになるだろう。この可能性を追求してみることが、当面フェミニストSSFにとっては、もっとも実り豊かな試みになるのではないだろうか。

11　国家という分配ゲーム
――家族と国家のゆくえ――

1　国家・共同体・家族

人々は長い間、国家とは無関係に暮らしてきた。第一に人類史二百万年のうち、国家が成立して以降の有史時代と言われる期間はたかだか五、六千年にすぎず、つい最近まで、そして現在でもなお、国家を持たずに共同体社会で暮らしている人々がいることを指摘しなければならない。第二に、国家が成立したあとでも、大多数の民衆の生活は、国家とは無縁の領域で営まれてきた。民衆は国家に納税義務を負うが、「公四私六」とかいわれる江戸期の苛酷な租税負担のもとでも、国家は共同体の生活とは疎遠な他者であり、徴税を請け負う名主自身が、共同体にとってはヨソモノであった。まして名主の背後で、都とやらにいます権力者が豊臣から徳川に変わろうと、そんなことは国民の八割を占める百姓には、あずかり知らぬことであった。幕府もまた、共同体を手つかずのまま温存する統治手段をとった。「面従腹背」という民衆の行動原理、しかもきわめて日本人的と言われるこの倫理は、国家と、非国家とのこの分離の中で養なわれてきた。色川大吉氏をはじめとするいわゆる民衆史家たちが発見してきたのは、この種の非国家的な共同体社会の自律性《オートノミイ》である。

人類学者は、首長制《チーフダム》とか君主制《キングダム》とか言われるものと、共同体社会とを、慎重に区別する。首長制が成立すればそこには国家がある、と言ってよいが、だからと言って国家が社会の全領域をカヴァーしたわけではない。ポランニがダホメ王国について言うように、「社会は全体として、国家的領域と非国家的領域とに区別される」(1)。

それでは、国家とは何か？　国家を、幻想的に祭祀的に、はたまた象徴的にとらえる一切の観念的定義——実は、無定義概念に近い——を離れて、ここでは、国家を社会的資源の分配システムの一種、と機能的に定義しよう。社会的資源には、権力、富、地位、情報、性など、社会的に有用な価値の一切が含まれる。政治とは、この資源の分配をめぐる意思決定ゲームのことであり、権力とは、資源に対する接近可能性《アクセシビリティ》のことである。人々が完全な単独者として生きるのでなければ、社会的資源の分配をめぐる政治と権力を廃棄して生きることはできない。しかし、国家ばかりが権力の担い手ではない。国家は、社会的資源の分配システムの一つにすぎず、その固有の分配様式によって、他のシステムと区別される。

社会的資源の分配システムの全領域は、分配のパターン（分配様式）と分配の対象となる社会的資源の種類（分配メディア）とによって、いくつかの下位システムに分割される[2]。ポランニは、家族・共同体・国家の三領域を区分した。

そのうち家族は、贈与の原理から成り立つ分配システムである。私たちは、子どもや老人や病人から、贈与の対価を要求しない。これを「愛の原理」とボールディングのように一般化してしまうのは、早計である[3]。家族は、個人が析出する以前の、超個人的単位だからである。母子関係を、成人した個体どうしの間に成立する「愛の原理」へと拡張することにはギャップがある。家族の中の分配は、本来世代から世代への贈与である。この中には、夫から妻への贈与は、原理的に含まれない。「夫が妻を扶養する」という形態の贈与は、女性が生産に携わらなくなった特殊近代的な現象にすぎない。その上、いったん対価を要求すれば、私たちはそれを贈与とは呼ばない。

共同体の領域では、互酬的交換の原理が成り立つ。これは基本的に平等主義的な分配原理であり、すべての参加者は与えられた分だけお返しをする義務がある。互酬的交換を「時差のある贈与」と解する立場もあるが、対価を前提とする点で、これは贈与の原理とは区別される。お返しのできない人は、規範によって制裁されるし、結局互酬的な分配ゲームに参加する資格を持てない。

もっともすべての参加者が平等な資源獲得能力を賦与されているとは限らないから、互酬的交換には、時にビッグマン・システム（つまり大人のことです）のような変種があらわれる。ビッグマンは、ただより多く与えるためにより多く得ることへと駆り立てられる。彼は、資源のインプットとアウトプットの総量が、他のメンバーより少々多いというだけの、システムの一つの結び目にすぎず、フローは大きくても彼自身の手もとにストックは形成されない。しかも、ビッグマンのもとに集められ、かつ彼が人々に与える資源の量は、制度にではなく、彼の個人的な稼働能力やカリスマ的能力に依存している。ビッグマンの地位は、世襲されずに一代限りで終る。それどころか、年齢による衰えとともに、彼は壮年期に到達した地位を去らなくてはならない。私たちはこのようなビッグマン・システムを首長制とは呼ばない。互酬性とは、このように平等者のシステムまたは平等化するシステムのことであり、権力の集中と蓄積を解除するような分配原理である(4)。

首長制または国家とは、集中をともなう再分配システムを言う。そこでは制度的な中心が析出され、資源が蓄積される。人々の間に格差が生まれ、国民は国家に対して租税という名の債務を負う。国家とは、税を課すことのできる強制力である。税金を通じて、国家は巨大な再分配システムを統括する。その再分配が君主という中心によっているか、国民国家という中心によっているかは、二次的な違いにすぎない。その上国家は、兵役や死をまで課すことのできる、特権的な再分配システムである。

2　夜警国家と福祉国家

ポランニがあげた家族・共同体・国家という三種類の分配システムの他に、近代は、市場というもう一つの巨大な再分配システムを作り出した。そして市場とは、個人という人格および企業という法人格をプレーヤーとする交換ゲームの場である。企業が富や権力といった重要な社会的資源の再分配についての、国籍すら超える巨大な意思決定機関であることは、しばしば見逃されている。

　再分配の中心を持っている点で、企業の分配パターンは国家のそれに似ている。企業は一つの国家、しかし不完全な国家である。というのは、企業は機能的分業を担うアソシエーションの一つにすぎず、それ自体で資源分配システムとして完結しないからである。

　近代は、国家と「社会」とを同時に発見した。古典派の夜警国家論は、国家と区別された「社会」の領域を発見したが、それは国家が成立した後の、残余カテゴリーとしてであった。古典派の言う「社会」とは、その実、市場という自由で無規制な企業活動の領域を指していた。しかし機能的なアソシエーションが、その本性上自己完結できないものだとしたら、市場はその発端から上位の調整機関を統合のために要請していたと言える。近代化はしばしば、工業化と官僚制化として定義されるが、自由主義的な経済が同時に国家の肥大をともなっていたことを不審に思う理由はない。国家もまた「社会」同様、近代の発明品なのである。

　もちろん近代以前にも国家がなかったわけではない。しかし近代以前の国家が、共同体の外部にある寄生物のようなものにすぎなかったのに対し、近代国家は、分配ゲーム全体の調整に直接関わる、不可避で不可欠な意思決定機関となったのである。

　夜警国家論は、国家をミニマムにしようとする主張だが、それはむしろ、当時統制力を強めつつあった国家に対する異議申し立てだったとも解することができる。だから夜警国家論は、最初から敗北を宣言されていた。市民社会が、歴史上どの時代のどの地域にも実際に存在したわけではない神話的な理想型だったように、夜警国家もまた、神話的な範型に属する。官僚制的な中央集権国家と自由主義的な企業活動とは、手をたずさえて成長した。国家と市場は、ともに自律的な共同体を敵視し、その解体を促進した。相反する現象どころか、相互に不可欠で補完的なものだったのである。

しかし国家と市場との間には、つねに分配メディアの帰属をめぐって、確執が起きる。「社会主義国家」と「資本主義国家」のちがいは、資源の分配をめぐる国家と市場の領域の、相対的な混合比にすぎない。社会主義と資本主義は、産業社会の二つのヴァリアントであり、異質なものでないばかりか、ましてや社会主義が資本主義のあとに来るべき発展段階だということもない。

3 家族の解体

だが、国家も市場も、それだけで分配の全領域をおおったわけではない。また家族的な分配領域がなくなったわけでもない。共同体的な分配システムも、縮小したとは言え、皆無になったわけではない。新しい分配システムは、以前の分配システムを駆逐したり、それに置き換わったりするわけではなく、以前のシステムと重層的に共存する。ただし多元的な分配システムの間の編成のしかたには、様々な比重の組み合わせがありうる。

本稿の任務は、マクロな比較体制的国家論を試みることではない。その作業は、岩田昌征氏のようなブリリアントな理論家に委ねるとして(5)、ここでは、とりあえず女が関わる分配のシステムについて、考えてみることにしよう。それは、家族という分配システムが、社会的な分配の全領域に占める意味とその変化を、追ってみることである。

国家も市場も、いずれも成立とともに自律的な分配システムとして作動する。両者は家族というシステムの外にありながら、家族というシステムを変質させ、解体しようとする。初期の資本主義が、女と子どもを賃労働へと駆り出し、情容赦なく家族を個人へと解体しようとしたことは、周知の事実である。個人主義という近代の理念は、産業化の初期に、もっともラディカルに現実化されようとしたが、その試みはほどなく頓座する。

近代化が、国家と個人とを析出したというのは、理念の上でのことにすぎず、現実には、家族という超個人的システムは温存され、資本主義と家族制度の奇妙な和解が成立する。「公私の分離」によって分配領域を区分することで、相互の不干渉が成立する。資本主義は、家族を個人へと解体することを断念し、代わりに家族をブラックボックスとしてかかえこむことで、家族と調停する道を選ぶ。社会的統合の機能を一つの分配システムが全域的に担うのは、荷が重すぎるばかりでなく、不可能でもある。産業社会とは、資本主義と家父長制との妥協の産物であるというのが、マルクス主義フェミニストの分析である(6)。

しかし、国家と市場とは、分配メディアの大きな部分を包摂し、家族が関わる分配領域にも食いこんでいく。たとえば家族は、生産手段や地位のようなストック資源をすでに企業に委譲して、フローのみに関わる消費的なシステムに変質している。家族に代わってストック資源を担い、そのことによって家族を無効化する分配システムには、再び国家と市場の二つのヴァリアントがありうる。

産業社会の一つのヴァリアント、福祉国家化は、国家という分配システムの肥大によって、家族という分配領域を解体しようとする。スウェーデンは、企業と家族に代わって、国家がストック形成を担当するという選択をした。家族は分配すべき資源の多くを、国家の領域へと委譲した。スウェーデン人にとっては、住居も財産も、親から子へ伝えるものではなくなっている(7)。福祉国家化は、家族の保護を意図したかもしれないが、結果的には家族機能の縮小を招いた。もっと正確に言えば、家族機能の縮小にともなって福祉国家の登場が要請されたといえる。

家族の領域における世代から世代への贈与を無効にしたのは、国家ばかりではない。市場の領域、もっと具体的には企業におけるストック形成もまた、市場に対する家族の意味を変質させた。

企業という分配ゲームに参加する受益者には、資本家(株主)と労働者が含まれる。労働運動は、この間の分配のシェアをめぐる争いであり、経営参加や従業員持株制度は、資本家への分配を制限する工夫である。しかし「経営者革命」(バーナム)のあとでは、資本家という個人は、分配対象として大して特権的な存在ではなくなった。労働者に支払われる賃金は、企業にとってコストとして計上されるが、株主への配当でさえ、今日では単なるコスト要因にすぎなくなっている。企業は、「資本家の利益のために」活動するわけではなくなった。

それなら企業は、何のために利潤を追求するのか？　企業のあげる利潤は、内部留保のかたちで、企業それ自身のうちにストックされるようになった。企業は、システム・メンテナンスそれ自体を自己目的化する自律的な（法）人格主体となった。だから、いったん巨大な内部留保をかかえこんだ企業は、業種のいかんを問わず、ストックの拡大再生産へ向けて多角経営へのり出す。内部留保がありさえすれば、メーカーでさえ、株式取得や土地ころがし、為替差益への投機にのり出すだろう。今日では、ほとんどの企業が、多かれ少なかれ総合商社化している。

利益分配が参加者に還元されず、ストックが企業内部で形成されるとなれば、個人はただフローにだけ関与していることになる。ストックは個人に代わって企業が代行してくれるわけで、潤沢なフローを享受するには、ただそのような資源の供給を可能にする豊かな分配システムに参加していればよい。「寄らば大樹の陰」という大企業志向は、この事情を反映している。大企業の社員でも、個人が一生涯にわたって形成可能なストックは、たかだか郊外一戸建住宅くらいなものだが、在任期間中にわたって、彼は交際費や福利厚生施設のような、様々な資源分配の恩恵に浴することができる。しかしその分配は、彼がそのシステムの中で、ポストという資源を分配されている限りのことであって、ポストを離れた彼個人に対するものではない。ポストとは、企業が権力や富といった資源を分配するためのエージェントである。

しかも業績主義の近代社会では、ポストという資源自体を世代から世代へと贈与することはできない。家族という分配領域は、分配すべきメディアの重要な部分を奪われて矮小化する。現代の家族が子どもへ伝えることができるのは、ポストへの接近可能性を保証する、教育という間接的なメディアだけである。

4　分配ゲームからの女の疎外

資源分配の領域が、家族から、国家と「社会」へと比重を移すにつれて、家族という分配システムの持つ意味は変質する。国家と「社会」とは、資源分配を分担する「公」領域の、異なった二つの選択肢にすぎなくなる。

家族が、分配システムとして貧困化・矮小化したからといって、家族は個人へと解体されたわけではない。国家と「社会」での分配ゲームには、家長として男性が参加しているが、家族にはまだ、女と子どもと老人とが、とり残されている。彼らは、資源分配ゲームから疎外されている。子どもはこれから分配ゲームに参加する予備軍、老人はかつて分配ゲームに参加していた退役兵だから、資源分配ゲームから、過去にも将来にわたっても疎外されているのは、女である。家族領域の地盤沈下は、そのまま家の中の女、すなわち主婦の地位の低下をもたらした。核家族化によって、家族の数ほど主婦が増えるとともに、主婦の存在もまた矮小化した。

家族が問題として浮上してきたのは、家族の外の分配システムの肥大によって家族が独立性を失った近代以降のことである。だからこそ、逆説的にも、近代の必要が制度としての家族を要請したのである。日本の「家」制度は、封建遺制どころか実は明治期近代日本の発明品だったことは、家族史研究の中で、ますます明らかにされている。

ところで、女が分配から疎外されている当の資源とは、一体何だろうか？　有名な逸話がある。日がな一日椰子の葉陰に寝そべって働こうとしないアジア人を、ヨーロッパ人がののしると、アジア人は彼にこう問い返す。

「旦那、だんなはいったい何のためにあくせく働いているんですかい。」

「働けば金がもうかるだろう。金があれば、休暇をとって南の島の浜べで一日ねてくらすこともできるだろう。」

「そいつは、いまあっしがやってることでさ。」

女はなるほど富や権力という資源の分配ゲームからは疎外されている。しかし、あなたたちは余暇時間という資源が、それをめざして男たちがあくせく働いている当のものが、分配されているではないか——分配を求めてゲームに参加させよと迫る女たちに、男たちはこう答える。

女たちの選択肢は二つある。分配ゲームに「男なみ」に参加することで、家族というシステムを個人へと解体してしまう道を選ぶか、あるいは、家族領域が確保している愛情や余暇のような「金で買えない」資源を守り享受するか。

女が「男なみ」にゲームに参加するために家庭を代償として支払うのは、高くつきすぎるコストである。その選択は、愚かしいばかりでなく、不可能でもある。しかし家庭にとどまる女たちに「金で買えない資源」、それだけが価値ある資源ですよ、それを見捨てる愚はおよしなさい、あなた方こそが価値ある、羨むべき生活を送っているのです、とおだてる男たちの詭弁と策略をも認めることはできない。

彼らは口とはウラハラに、いっこうに女と立場を交換しようとは言いださない。その理由は、第一に、資源の間に社会的な序列があることである。資源の社会的価値は、その交換可能性の大きさで決まる。富が権力さえ買えるとなれば、富の方が権力よりも上位のメディアとなる。富と権力の資源分配に与った者は、それを余暇という資源と交換することが可能だが、たっぷり閑をもて余している人が、それで富と権力を生み出せるとは限らない。先の逸話の例で言えば、ヨーロッパ人はアジア人の立場に変わることができるが、その逆は不可能だ。両者の間に、対称な互換性は成りたたない。男たちが、そして女たちも、「公」領域で分配される資源を上位メディアと考えている限りは、公私の格差はなくならない。

第二に、富と権力の分配ゲームが、それ自体として自己目的化したことがあげられる。男たちが、それを求めてあくせくしていたはずの「より良い暮らし」は忘れ去られ、「より大きな富」や「より大きな権力」の追求に置きかわる。企業で至富ゲームに熱中している男たちは、この倒錯に気づかない。もしくは彼らは、その気になればいつでも「暮らし」の中に帰還できるとタカをくくっている。あるいは、富や権力が、いつでも「より良い暮らし」と交換可能だと考えている。しかし、社会的な価値が、暮らしや余暇のような家族的な価値と、ほんとうに互換的なのだろうか。なるほど余暇は金で買える。しかし「金で買わされた余暇」の中で、人々は金を使わずには遊べない暮らしの中にはまりこんでいく。男たちが富と権力を携えて家族の中に帰還したとき、家族の領域にはもはや彼が与えることのできるどんな資源も残っていないことに、たとえば定年後の男たちは気づくはずである。

国家と「社会」は、貨幣という新しい交換メディアをもたらした。貨幣はその格段の交換可能性の大きさで共同体を侵蝕し、家族にも食いこんでいく。しかし「金で買えないもの」の分配領或を守る最後の砦が、家族である。一つの分配システムは、その固有の分配パターンだけでなく、固有の分配メディアによっても他から区別される。分配メディアの間に、相互の通約不可能性が残っている限り、その分配システムはなくならない。家族というシステムが分配を担っている資源には、「金で買えない」愛情や余暇のような個人的資源のほかに、性と生殖とが含まれる。性と生殖とが「金で買えない」ものの分配領域に含まれている限り、家族はなくならない。

資源の間の通約可能性が高まることを、私は進歩とは考えない。そうなれば、上位メディアによる一元支配が成立し、分配システムの間の分離は解体されるだろう。それは、管理社会型の逆ユートピアの一種である。私は諸資源の間の通約不可能性は、なくすことができないし、なくしてもならないと考えている。しかし、資源分配の一方の領域から、特定の参加者を排除しておいて、それを求めるなと言うのは、不合理なだけでなく不公正でもある。女たちが、家族という分配領域を確保したままで、社会的な資源分配ゲームに参加する道はあるだろうか？

5　子どもという資源

家族という超個人的システムがなくならないのは、その中に子どもという自立できない主体をかかえこむからである。女が資源分配ゲームに「男なみ」に参加できないのは、子どもをかかえこむという事情による。家族は世代から世代への贈与を贈ると述べたが、そのエージェントは女である。言い換えれば、女は、子どもという資源の、世代から世代への贈与者である。

「家」制度の下では、女たちは子どもという資源の所有者ですらなかった。離縁の際には子を置いて婚家を去らなければならなかったし、親権を行使することもできなかった。しかし核家族化の中で、理念上は共同親権が認められ、事実上は性別役割分担の固定によって育児が全面的に女に委譲されるようになると、女たちは子どもに対して独占権を行使するようになった。

男たちは、性の結果である生殖に対して責任をシェアすることから、事実上も心理上も逃がれたがる。離婚の際には、ほとんど無条件に母の側が親権者となり、父はかんたんに親権を放棄する。しかし、子どもという資源をあまりにかんたんに手放したことを、男たちは後悔しはじめている。最近では、離婚した父親は、共同親権の行使を法的に訴えるようになった。別れた子どもとの面会権や同居権を求めるアメリカのシングルファザーたちの運動は、その例である。

日本の男たちは、アメリカ人の場合ほど子どもという資源の重要性に気づいていない。その理由は第一に、日本のような男性優位社会では、離婚した男性は再婚によって自分の子どもを新たに調達することが比較的容易だからである。

第二に、日本の女たちは、母性的な社会化の結果、現状のさまざまな困難にもかかわらず、まだまだ子どもを産みたがることである。しかし母性という「本能」が、放っておいても持続するほど強いものかどうかは、保証の限りではない。現にほんの数十年の間に、日本の女たちが平均出生児数を五〜六人から二人にまで減らす産児制限をなしとげたことを見れば、子どもを産みたい「本能」でさえ、社会の函数であることは明らかである。

第三に、子どもに対する責任からオリたいという幼児的な自己中心性が、過保護な日本の男性には強いことが挙げられよう。過度の母性の強調が、未成熟な男たちを生み出してきたという悪循環を、日本型母性社会は持っている。

子どもという資源が高くつきはじめたことを、社会も男性も、気づいてきている。女たちは子どもを産みたがらなくなり、ドイツのような先進工業国は、深刻な人口減少に悩んでいる。日本でも、それは時間の問題だろう。子どもを産んだ女たちは、それに対する代価を要求しはじめている。

子どもという資源に対する代償を請求する分配領域には、国家と市場と家族の三つの選択肢がある。もっとも手っとり早い方法は、家族の内部で、夫に対して子どもという資源を有償化することである。育児専従化を強いられた専業主婦たちは、夫の賃金の中から、自分の当然の取り分を要求する権利がある。妻の家事・育児サーヴィスの評価額を、月額一四万円とか二五万円とか試算したデータがあるが、絶対額で請求すれば、ほとんどの夫は経済的に破綻をきたすだろう。現実的な方法は、たとえば夫の収入の五〇%を、名義のいかんに関わらず妻の取り分とする考え方である。法律はこの考えをとり入れて、夫婦共産制の方向へ動きつつある。これなら専業主婦も堂々と分け前を主張でき、夫から「養ってやっている」なぞと言われずにすむわけである。

しかし家族の領域で、性別役割分担を固定したまま分配ゲームをしても、限られたパイの分け前を夫婦の間で争うことにしかならない。それ以上に危険なのは、家族の中でサーヴィスを有償化することは、家族の外の領域の分配原理を家族の中に持ちこむことになり、家族という固有の分配領域の解体につながることである。夫婦の間のセックスが売春でないように、妻の家事労働は家政婦の労働と同じものではない。有償化の主張は、現実的にも理論的にも、家族になじまない。

二つめの方法は、子どもという資源の代価を市場の領域に、具体的には企業に対して請求する方法である。なぜなら家族は、子どもを市場へアウトプットする機関だからである。それには、夫の勤務する企業からと、妻が勤務する企業からとの二とおりの方法がある。前者のスローガンは、「妻子が安心して暮らせる給料をとうちゃんに」というもので、家族の内部でパイの分け前争いをする代わりに、パイ自体を大きくすることを企業に要求するものである。賃金水準が上昇しなくても、家族手当て等で家族給を保証するという手段もある。しかし家族手当ての現状は、申しわけ程度の微微たるものにすぎない。しかも家族給が女性の賃金差別を正当化する性差別的な給与体系であることも、今日では明らかにされている。

他方、妻の側が育児専従期間中の賃金保障を、企業に要求することはできるだろうか。育児休業制度の実施は拡大しているが、ほとんど無給である。

企業に貢献しない労働者を有給で養っておけるほど、企業の効率の原理は甘くない。女性に有給の育児休業期間を与えなければならないとなれば、それは女性への雇用差別のかっこうの口実となるだろう。

最後の方法は、育児サーヴィスの代価を、国家が主婦年金や両親保険のような形で支払うやり方である。スウェーデンが採用しているのはこの方法である。これは全体として国民の所得を、子もちと子なしの間で再分配するシステムであり、分配ゲームの中で子もちは有利な地位を占める。さらには育児サーヴィスだけでなく、病人や老人や障害者の世話のような家族的なサーヴィスが、どれも国家によって再分配の対象となる。わが子を育てている母親や、実の親の面倒を見ている娘が、国家から賃金を支払われる。

女が男なみに「社会」の領域での分配ゲームにあずかれないとなれば、女が資源分配にあずかることのできるもっとも現実的な方法は、国家の再分配領域だけとなる。福祉への要求は、市場に対する国家の肥大を、結果として要請することになった。女が資源分配ゲームから排除されるような社会システムは、どれも悪だ、と私は考える。であれば「もっと国家を」というのが、その唯一の処方箋なのだろうか？

企業のような機能的なアソシエーションとちがって、家族と国家は、そのシステムの自己完結性において、親和性を持っている。家族を市場のレッセ・フェールに委ねることができないとすれば、国家というシステムによってこれを補完するほかない。「もっと国家を」という処方箋は、選択の余地のない唯一解のように見える。

しかし、国家がルソーの言う「全体意思」をつねに体現する正義だという保証はない。国家の再分配ルールは、集中的で画一的なものであり、国家の都合で恣意的に変更される。人口減に悩んで出産を奨励するドイツとは逆に、中国は、第三子を作った夫婦に福祉を剥奪するというペナルティを科した。子どもを持つか持たないかという意思決定は、家族の領域から国家の領域へと奪われ、家族は性と生殖というもっとも重要な資源分配の機能を、国家へと委譲する。「社会」に代わって、国家が家族の基盤を掘り崩す。出産が、国家のマンパワー計画に統制されるような社会を、私たちは望ましい社会と言えるだろうか(8)。

6　分配ゲームの分散化へ

市場は、家族と国家から挟み撃ちにあっているし、あわなければならない。家族はもとより国家と市場から規制されている。国家もまた、家族と市場という非国家的な領域との境界を維持すべきである。しかしこの三つ巴の関係の中で、どの分配システムも自律性を失って、多かれ少なかれゲゼルシャフト化している。その中で、単一の分配システムによる一元化と意思決定の集中化とに、歯ドメをかけるには、どうすればよいのだろうか。

牛尾治朗氏は、大野明男氏との対談のなかで、自由主義経済体制を擁護する理由を明快に述べている(9)。

それによると、意思決定権が集中した計画経済体制では試行錯誤が難しく、まちがった選択は決定的な破局を招くのに対し、自由主義経済体制では意思決定権が分散しているために、環境の変化に対する適応力が格段に高いと言う。一人のエリートによる唯一の決定より、百の凡人による百の決定の方が、つねにすぐれているというこの多元主義の真理を、否定できる者は誰もいない。

意思決定の分権化に対する関心は高まっているが、国家イコール集権、市場イコール分権、という図式は、短絡的にすぎる。市場の領域でも、企業の寡占化や独占化が進めば、結局意思決定権の集中が起きる。今日の高度産業資本主義が、初期産業社会のような、語の正確な意味における「自由主義」ではないことは、周知の事実である。

他方、国家がつねに集権的とは限らない。国家的な分配領域は、意思決定権を下位主体に委譲していくことが可能であり、地方自治体はその一つのエージェントである。ただし、現在のかたちの地方自治体が、そのような意思決定主体としてふさわしいかどうかは、べつな問題である。ソヴェトはもともと人民会議の意であり、ソヴェト連邦とは、本来字義どおり分権的な国家をめざしていたはずであるのに、現状は集権国家に転落した。しかしソ連の例をもって、すべてのソヴェトを断罪する理由はない。ソヴェトの理念を、今日追求しているのが、ユーゴスラヴィアの自主管理の思想であろう。

社会的資源の分配領域の多元化と、分配の意思決定権の多元化とが、ともにめざされなければならない。一つの領域の分配コードが他のすべての領域をおおってはならないように、意思決定権の統一化や集中も避けられなければならない。それは、私たちの社会がサヴァイヴァルするためである。

そのためには、百の機関の百の意思決定の中で、試行錯誤がなされるほかないだろう。分配の意思決定機関が、見とおしのきく小さいシステムになればなるほど、男たちは、ロハで手に入れてきたものや失ってきたものの大きさに気づくだろう。そのように、男たちが育児休暇を要求し、女たちがポストや賃金を要する動きを、歓迎しよう。そして、全体として国家の領域と非国家の領域とが、共存する道を選びたい。

注

（1）ポランニ『経済と文明』栗本慎一郎・端信行訳、サイマル出版会、一九七五年。
（2）上野千鶴子「財のセミオロジ」『現代社会学』六巻一号、講談社、一九七九年。
（3）K・E・ボールディング『愛と恐怖の経済――贈与の経済学序説』公文俊平訳、佑学社、一九七四年。
（4）上野千鶴子「交換のコード・権力のコード」『経済評論』一九八一年一〇月号、日本評論社。
（5）岩田昌征＋佐藤経明「現代社会主義論の試み」『経済評論』一九八一年一一月号、日本評論社。
（6）水田珠技「フェミニズムの視点」『未来』一九八〇年四月～一一月号（八月号を除く）、未来社。
（7）竹崎孜『スウェーデンの実験』講談社現代新書、一九八一年。
（8）上野千鶴子「『選択の自由』再論」『女性学年報』第二号、日本女性学研究会、一九八一年。（本書第5章）

(9) 牛尾治朗＋大野明男「対談・経営者にとっての七〇年代と八〇年代」『思想の科学』一九八一年一二月号。

12　家族の中の企業社会

企業が家族をモデルに構成されている場合を「企業家族主義」と言う。家族が、企業への貢献を軸に編成されているケースを、逆に「家族企業主義」と呼ぼう。一九六〇年代高度成長期のマイホーム主義以来、企業と家族は背反的なものと見なされてきたが、ほんとうにそうだろうか。家族は企業原理からの避難所でも何でもなくて、むしろ企業原理を支え、再生産するエージェント（代行機関）なのではないだろうか。

新しいマルクス主義フェミニストたちは、家父長制的な家族制と資本制生産とが、互いに背反しあうどころか、相互に依存しあう関係にあることを指摘して、それを「家父長制的資本制」と名づけた[1]。家父長制的資本制を背後から支えているのは、家庭に浸透した資本制的家父長制――労働力商品化体制のもとでの「夫は仕事・妻は家庭」の近代型性分業のしくみ――である。それと同じように、家族企業主義は、企業家族主義を個別家庭の側から支える、補完物である。

1　企業幕藩体制・日本

文化人類学者、梅棹忠夫氏は、日本型産業社会の編成を称して、「企業幕藩体制」と名づけた。その含意は、かつてのタテ割りの幕藩体制に代わって、全国をヨコ割りに結んだ大企業組織が、かつての幕藩体制と同じ役割を果たしているというものである。企業幕藩体制のもとでは、薩長土肥と名のる代わりに「住友の○○」「三菱の△△」と名のらないかぎり、自他の確認ができないという帰属意識の構造が支配している。「ウチの」「我が社の」という強い一体感をもとに形成されたアイデンティティは、帰属する「我が社」を失えば、経済的にばかりか心理的にも路頭に迷うことになる。企業の側もまた、社員に能力よりは忠誠心を要求する。帰属集団に丸がかえされなければ安心立命できない日本人のアイデンティティを、近代化の中で失われた家郷に代わってかかえこんだのが、企業という共同体だったのである。

どれも似かよった企業共同体の間では、社風や社内慣行といったものが、いったん関を越えればたちまち通用しなくなる藩札のごとき役割を果たしている。こういうシステムのもとでは、一つの藩札を貯めこめば貯めこむほど、他の企業に移籍することは難しくなってくる。企業ロイヤリティ（忠誠心）の要求は、社員に、藩札を貯めこむようにすすめるようなものだ。そして日本型経営は、結局その方が社員の能力を動員することに効果があったことを、証明したのである。

個人が帰属集団に一体化し、帰属集団によって判定されるとなれば、小藩より雄藩に仕官を求める人々が殺到しても無理はない。生涯給から福利厚生、さらに停年後の厚生年金の額に至るまで企業格差がつくとあれば、どの藩に仕官するかによって、ほぼ生涯にわたる身分が決定される。企業の入社試験は、この身分のスクリーニング（ふるい分け）のための、最大の関門となっている。志願者は、能力を示すだけでなく、自分がその企業にどれほど同一化する用意があるかという恭順の意を示さなければならない。

このゲームからオリた者、はみ出した者は、不戦敗を宣告される。こちらの方から無視してやると息まいてみても、ゴマメの歯ぎしりにしかならない。たとえば、新入社員募集時の新卒二三歳までという応募年齢制限は、画一的なコースにひととき足踏みしたことのある若者を、容赦なく競争から排除する。

この身分制の配当ゲームは、それほど徹底的で信頼のおけるものだから、そのゲームから当面除外されているはずの女たちさえ、それに強い関心を寄せる。男性社員とは同じ待遇では採用されない女性たちも、強い雄藩志向を示すが、それは将来の配偶者選びにあたって、自分のあてにならない人物鑑定眼より、企業の徹底的な選別の方が、よほど信頼できるからである。

2　企業城下町の妻たち

ここに家族企業主義についての、一冊のすぐれたエスノグラフ（民俗誌）がある。木下律子著『王国の妻たち――企業城下町にて』（径書房、一九八三年）がそれである。木下氏が梅棹氏の「企業幕藩体制」説を意識していたかどうかはわからないが、彼女は対象を「企業城下町」と呼んだ。梅棹氏と木下氏の間にはほぼ二〇年に及ぶ時代のずれがあるにもかかわらず、その間日本型企業の体質は一貫しており、それどころか構造不況を通じての寡占化の進行の過程で、この体制がむしろ強化されていることを示唆する。しかもこの二〇年間のサラリーマン化の結果、かつて城下町に居住していた農・工・商人たちがこぞってサムライ化した今日、企業原理の浸透は、おおいがたいと言える。

木下氏の『王国の妻たち』は、社宅生活という企業丸がかえの極端なケースを扱っている。彼女の描く典型的な社宅妻の経歴は、こうである――短大もしくは四年制大学を卒業して、大手商社や銀行に勤める。近年では、短大卒より四年制大卒の方が好まれる傾向さえある。というのは、四年制大卒の方が、短大卒より回転が早いからだ。数年勤続するうちに、半数以上が社内結婚で結ばれ、上司の媒酌のもとに挙式して、妻は退職する。

木下氏の指摘によれば、源氏鶏太の時代には、社内結婚は御法度であったばかりか、男にとっては、ソンな結婚の一つだった。というのは、当時のＯＬは、働かざるをえない貧しい家庭の娘たちだったからである。しかし結婚前の女性の八割以上が就業の経験を持つに至った今日では、ＯＬ生活は、女の子にとってお茶・お花とならぶ社会経験の一つにすぎない。しかも大手の企業は、家庭背景や学業・容姿などを基準に、よりすぐりの女性社員を採用する。他方、男性社員の方も、選りぬきの優秀なエリートばかりである。女の子とつきあうヒマもない激務の中で、会社は、男性社員にとって、花嫁を選ぶプールになる。釣書や素行調査に頼るまでもなく、企業が太鼓判を押す粒ぞろいだからである。女性社員にとっても状況は同じである。そこは彼女たちにとっても、どれを選んでもまちがいのない、企業のお墨つきのエリート候補生のプールだからだ。

こうしてでき上がったカップルは、会社にとってもつごうがいい。夫の職場を知悉している元ＯＬの妻たちは、理解ある内助を尽くせるだろうからである。

彼女たちは、こうして社宅に入居する。一般賃貸住宅の平均四分の一の家賃で入居できる給与住宅は、可処分所得を増やすことで、実質的に給与を底上げする。しかも、都市部の住宅事情の悪さを考えれば、家賃だけでなく、地理的条件・広さ・設備の上でも、社宅は大きな魅力である。だが同時に、給与住宅は、会社の施設であることで、居住を通じて住民をコントロールもする。

ある会社員の妻が、自由な時間を生かしたいと、子どもたちに自宅でピアノを教える決意をした。ほどなく夫の会社から連絡があって、やめてくれ、と言う。妻が収入を求めるような、夫の体面、ひいては会社の体面を傷つけるような行動は好ましくない、と言うものである。企業は、社宅生活についてそれを要求する法的な権利を持っている。なぜなら、給与住宅は会社の施設の一部であり、個人の所有物ではないから、会社の施設を用いて行なう個人的な営利活動を、禁止することができるからである。

会社の言い分は、働かなくても体面を保つに十分な給与を支払っているのだから、というものである。雇われているのは夫であって私じゃない、と言い張ってみてもムダである。会社は、社員個人ではなく、家族ぐるみ雇っていると理解しており、その企業論理は、企業以外の多元的な人間関係から絶縁されたところでは、むき出しのかたちで目に見えてくるのだ。

3 社宅ゲットーの企業管理

社宅は、居住のコントロールを通じて人間の暮らし方をコントロールするみごとな例である。社宅暮らしでは、均質な近隣集団ができる。職業・階層・年齢・学歴・家族構成が似かようばかりか、所得水準さえ、互いに「ふところの知れる」間柄である。しかも、企業が、職階や家族構成によって住宅の種別を指定しているところでは、階層上昇やライフステージの変化によって、均質な近隣集団を求めて住みかわる、アメリカ型の分離した居住集団ができあがる。これは人種や階層によって居住地隔離のできにくい日本では、異例のことである。日本では、企業が社宅ゲットーを作っているのである。

この均質な居住集団は、近代的な地域集団としては、きわめて異例である。というのは現代の地域集団は、かつての農村共同体のような産業の共同を基盤に持たず、マッキーバーの「コミュニティ（包括的な自生的共同体）」と「アソシエーション（部分的な人為的結社）」の区別を用いれば、アソシエーション的コミュニティとでも言うほかないものになっているからである。居住の近接は、現代では、多くの関係のしかたのうちの一要素にしかすぎない。土地が生産の基盤であった時代には、土地との関係は、人間にとって逃れようのない拘束性を持っていた。コミュニティの拘束性の主要な要素が、生業の共同によるものなら、かつての地域共同体の持っていた拘束力を、現在は企業共同体が持っていると言えるだろう(2)。土地を離れて暮らしていけても、企業を離れては暮らしていけないからである。社宅ゲットーの拘束性は、この生業の共同による。

もちろん平均的なサラリーマンにとっては、社宅生活は極端な例のように見える。だが、社宅生活は、たんなる平均型というものをこえて、一つの典型を示してくれる。それは、家庭生活が、企業原理にどれだけ否応なく巻きこまれているかの、赤裸々な実例だからである。

企業原理から言えば、労働者個人の再生産費用だけでなく、その家族まで丸がかえして生活を負担するのは、効率が悪いばかりでなく、本来その必要もないはずである。個別企業は、原理的には労働者個人の再生産費用だけを負担して、彼の家族生活については、「安心して生殖の本能に委ね」(マルクス)ておけばよかったからである。

しかし企業は、男や女を個人に還元した上で、彼らに必要なあらゆる家事労働を市場化するより、一組の家族を形成させてその全体の再生産費用を負担する方が、安くつくし質もよい再生産労働を調達できることに気づいた、市場で買える食べものや教育より、家族という制度の中で配慮とエネルギーをともなって調達される資源の方がすぐれている。ルソーの『エミール』をひき合いに出すまでもなく、金で買えるどんな教育専門家のサービスも、我が子にうちこむ一人の親の配慮と熱情にかなわない。

家族給というマジックが、企業と家族をいっきょにリンクする。企業は労働者個人を雇っているわけではないのだ。企業は、一家の家長を、その家族ぐるみ、雇っているのである。妻も、企業に支払われているのである。だからこそ、企業は、妻の言動に企業利益の観点から干渉する権利を持っている。

4　二世社員の再生産

大手の企業のうちには、社員の子弟採用禁止の内規を持っているところがあったが、それは次第に廃止されてきている。子弟採用を禁止する内規は、かつては質のよくない労働力を縁故採用することで、戦力ダウンをおそれる企業の論理からきていた。父は父、子は子、という企業の近代合理主義が、家族を個人に還元したのである。

ところが、企業はやがて、社員の子弟が質のよくないボンボンどころか、よりすぐりの優秀な社員候補生のプールであることを発見していく。それはそうだろう。かつて企業が全智をしぼって選別し、多額の投資のもとに鍛えあげ、体面を保つだけの家庭生活の水準を維持させてきた社員なら、その二世がカスであろうはずがない。タネもハタケも、企業のお墨つきの優良品なのである。

もちろん二世採用の解禁は、情実人事ではなく、正規の競争を経由しての上である。一定の水準に達さなければ、情実の加えようもない。しかし、すぐれた素質とすぐれた環境に恵まれたエリート会社員の子弟たちの競争能力は、情実を加えるまでもなく、高い。東大卒のオヤを持つ子の東大入学率は、オヤが東大卒でない子弟の入学率より、確率が高いだろう。その学歴競争はそのまま入社試験に連動している。企業は、競争による排除の原理を採用することで、質の悪い労働力をつかませられる危険を冒さずに、優秀な二世をリクルートすることができるのだ。

企業が二世社員を採用するメリットの一つに、ロイヤリティの内面化を、ことあらためて要求する必要がない、という事情がある。映画評論家、佐藤忠男氏は、家族主義の一例として、イタリア映画に描かれたパルチザン闘士の例を挙げている(3)。「なぜゲリラ戦に参加したんだ」と聞かれて、若いパルチザン兵士は、「オレのじいさんはパルチザンだった。オレのオヤジもパルチザンだった。我が家はパルチザンの家系なのさ」と胸をはって答える。企業の二世社員もまた、こう言うだろう。「オレのオヤジは松下だった、我が家は松下の家系なのさ」——彼を養い、ここまで育てあげたのはほかならぬ松下だから、父親というエージェント（代理人）を通じて、松下への忠誠心は、息子にすっかり内面化されているというわけだ。

ここでは父親は、独立した個人というより、企業に同一化するかぎりでの企業のエージェントにすぎなくなっている。かつて家長に権威を与えたものが、彼の人格力や指導力などではなく、家産と家督の相続人としての地位にほかならなかったとすれば、会社員の父の家庭の権威もまた、「大松下」の威光をバックにしている。息子を食べさせつづけたのは、オヤジではなく、オヤジを通じた「松下」だったのである。

この家族企業主義は、パルチザン兵士の「家族主義」と、一見似かよっているが実は大いにちがう。

佐藤忠男氏がパルチザン兵士を例にあげて家族主義を言うとき、それは、家族をとりまくより大きな支配的原理に対して、独立した原理のことを指しているからである。家族企業主義の中では、家族主義は、家族をまきこむより大きな企業原理に対して、その忠実なエージェントとしてあらわれる。ここでは、父にたてつくことと、松下にたてつくことは、同じなのである。

二世採用に踏み切った企業の側は、彼らが社員の家族の再生産――つまり種の再生産――費用を負担してきたことに自覚的である。彼らは二〇年余の長きにわたって支払ってきた次世代の再生産費用に対する投資の収益を、回収しようとしているのである。ある意味で、戦後三〇余年の間に、日本のサラリーマン社会の再生産は、それだけ安定してきたとも言える。昭和三〇年代の高度成長期は、人口の都市流入がピークに達した時代でもあったが、その当時、都会に核家族を形成した人々の二世が、労働市場に新規に参入してきているのである。現代のサラリーマンの多くは、都市住民二世、会社員二世である。都市新中間層の生活は、その安定した再生産を許すまでに、十分に成熟したものになっている。

オヤジが松下で息子も松下、という家族企業主義は、社会的な階層固定を促進する。日本の厳しい学歴階層制を称して、佐田智子氏は『新・身分社会』（太郎次郎社、一九八三年）と名づけたが、学歴・学校・学業格差が企業の加入条件に連動し、企業格差が生涯にわたる生活水準を決めるとするなら、これはやはり、企業封建社会なのである。その中でオヤから子への「身分」の継承が行なわれるなら、階層移動の大きさを特徴とする近代社会という過渡期は、すでに終わった、と言うほかない。私たちは、新しい身分社会に突入している。

5　再生産様式の再生産

企業による社員の子弟の再生産は、同時に、再生産様式――マルクスの「生産様式（モード・オブ・プロダクション）」のアナロジーで言えば――をも再生産する。つまり、会社に献身する夫と、家庭で育児に専従するかしこくて有能な妻、という近代型性分業もまた、次代に受け継がれるのである。

　種の再生産とは、たんに生殖だけを意味しない。子どもをどれだけ優秀な社会人として労働市場に送り出すか、という、社会化の全過程が含まれる。子どもの社会化は、今日では大学卒業までの長きにわたるから、これをこなしきるにはメシ・フロ・ネルをカバーする母性的な愛護だけでは勤まらない。母親には、よい教育機関を判定する能力が要るし、勉強べやで息子が読んでいるのが学校の本かパソコンマニアの雑誌か、識別する能力が要る。安心して子弟の再生産を任せておくためにこそ、会社員は学歴の高い有能な妻が必要になる。

　こういう夫婦の間の極端な性分業の中で育ってきた子どもたちは、もちろん家庭生活のモデルを親たちから取得する。息子も娘も、親の暮らし方を見て育つ。こうして二世たちはそれぞれ、息子は会社員に、娘は会社員の妻に、親の世代の再生産様式を再生産していくのである。

　このしくみの中では、女だけが家父長制的な性分業の被害者になっている、と声をあげるわけにはいかない。ここでは近代家族はその性分業の構造もろとも企業原理にからめとられているのであり、女たちもまた、そこでは被抑圧者であると同時に受益者の一人でもあるのだ。

6 家庭解放区説の誤り

第三次主婦論争の発端、武田京子氏は「主婦こそ解放された人間像」といういささか挑発的なタイトルの論文の中で、家庭が、企業の生産一元論理の抑圧と支配から逃れた企業社会からのシェルター（避難所）であること、家庭こそ自由な自己実現を許す解放の場であることを説いた(4)。それは六〇年代のマイホーム主義が、ドロップアウトしたサラリーマンの退行的なシェルターを意味していたことから比べれば、企業社会に対して家庭をネガティヴな位置からポジティヴな位置へと全面転換する、画期的な主張だった。それはモーレツからビューティフルへの時代の転換にともなう、企業人の生活者としての余裕と反省をも、反映していた。

否定的にせよ肯定的にせよ、そこに共通していたのは、企業原理と家族とは背反しあうという仮説である。だが、六〇年代のマイホーム主義は、もう一つの解釈枠組みを持っていた。それは家族エゴイズムが支えるモーレツ社員、という側面である。

もっとやさしく置きかえるとこうなる。女たちは夫に向かって、「仕事と私の、どちらが大事なの」と詰めよる以上に、「私が大事ならもっと一生けんめい仕事をして」と期待しないだろうか。木下氏によれば、社宅の妻たちは「三菱○○の奥さん」「住友△△の奥さん」と呼ばれるのがつねで、やがて途中が脱け落ちてたんに「三菱の奥さん」「住友の奥さん」となるのだと言う。それは一面では、彼女たちの心理的現実に一致してもいる。たとえば大企業社員の夫が、脱サラで危険な賭けを冒そうとするとき、「私が結婚したのは東京海上の○○さんで、ただの○○さんじゃない」と言って思いとどまらせようとするのも、ほかならぬ妻だからだ。

武田氏の家庭再評価説は、七〇年代のリベラルな論者に受け継がれて、松田道雄氏の家庭「解放区」説となる(5)。松田道雄氏は、働きに出ようとする主婦をいさめて、「家庭の中で一人の男性の横暴に苦しんでいたのが、家庭と職場の両方で男性の横暴に苦しむだけになる」と忠告する。

この論調が、極端な保守家、福田恆存氏の女性の職場進出論批判と全く軌を一にする偶然については、いま問わないにしても、女性は、主婦として家庭にいることで、すなわち職場で安い労働力として買いたたかれずにすんでいることで、ほんとうに資本の抑圧と支配から逃れているのだろうか。答はノーである。主婦もまた「会社員の妻」として、企業に支払われているのである。おそらく、もっとわりの悪い仕方で。

7　受益者の論理

木下律子氏のすぐれたエスノグラフは、唯一の、しかし大きな欠陥を持っている。それは、彼女のインフォーマント（情報提供者）たちが、すべて対象集団のハズレモノで、インサイダーの視点がない、ということである。

たとえばインフォーマントの一人は、夫と学生時代からの延長で恋愛結婚し、たまたまある社宅に入った女性で、夫の会社に挨拶に行くのにジーンズ姿で行くという、異例の女性である。またべつな女性は、教師の経験を持っていて、再就職に成功している。彼女らは、社宅妻の中では、ヨソモノである。

およそある社会のリアリティを再構成して記述するには、それを支えるインサイダーの視点が不可欠である。ヨソモノの眼から描写された社会をもって、これが現実だと言うわけにはいかない。もちろん木下氏の本が、批判的な視点で貫かれているという点はあるが、批判的な視点は保持したまま、インサイダーのリアリティに耳を傾け、それを相対比するというのがエスノグラファー本来の仕事だろう。

その意味で彼女の情報提供者たちから批判されている当の典型的な社宅妻たち、そして彼女たちの批判を封殺しようとしている当の夫たちの言い分がないことは、この本を残念ながら一面的なものにしている。

妻の自発的な行動に「会社の名に傷をつけるな」とストップをかけ、妻の就業に「自分の会社での仕事に支障が出ない範囲で」と制限をつける当の夫たちは、いったいどう考えているのだろうか。会社員の妻たち以上に、当の会社員たちは、自分の生活もエネルギーも、企業に捧げているように見える。彼らに不満はないのだろうか。

もちろん彼らもグチをこぼす。夜更けの酒場で、私は同世代の会社員の男たちのグチに、何度もつき合わされた。彼らは上司の横暴を嘆き、部下の怠惰を責め、妻の無理解を訴える。私は、そんなにイヤなら、その仕事、オリれば、と言いたいのをじっとこらえて、彼らの次の一言を待っている――オレ、会社員、オリたいよ。そしてこの一言こそ、彼らにとって最後の禁句なのである。

会社員たちは、自分がその企業を離れては無力な存在にすぎないこと、自分自身も企業の恩恵をこうむっている受益者の一人であることを、十二分に知悉している。同輩をその競争の過程で蹴り落としてきたエリート社員なら、なおさらのことである。彼が妻子に要求するのは、自分たちもまた受益者の一端につながっていることをわきまえよ、そしてそれがわかれば分に過ぎた行動はするな、という統制である。

家父長制的資本制のもとでは、家長＝夫は、家族企業主義の要《かなめ》の役割を果たしている。夫もまた、家庭の統率者として企業から判定を受けることになる。企業の意を体して、家族のメンバーを統制できない家長＝社員は、指導・統制能力において劣る、と見なされる。女房一人、思いどおりに従わせられなくては、しめしがつかない、のである。

「修身斉家治国平天下」という孔子の言葉がある。戦前の「修身」がそこからとられた、『大学』の中の言葉である。小を及ぼして大に至る、という統治の思想だが、これには、公と私の間にけじめがない。武士道徳の統治思想は儒学だったから、家の乱れは国の乱れ、と見なされた。たとえば妻の姦通が発覚した武士は、「斉家」に怠りがあったとして、武家としての能力そのものも疑われ、家禄没収の憂き目にあった。

企業の家庭管理も、修身斉家さながらである。今日ではさすがに離婚が馘首につながるということはないが、「妻に好き勝手をさせておく」夫は、職業人としての統率力も疑われる。それだけでなく、たとえば妻が独自の職業活動や社会活動を持つことによって、夫に家事・育児負担のいくばくかがかかってくるとなれば、仮にいかに夫の理解と合意があったとしても、二四時間勤務体制のエリート社員の生活の中では、夫の競争能力は、同僚に比して劣る結果になる。そこまで覚悟して自分の社会活動を貫徹したいと思う妻は少ないし、また仮に夫がその覚悟を引き受けたら、かえって妻を失望させることになる場合さえある。「オレ、出世あきらめるから、オマエと一緒にウチのことやって、幸せな家庭を作りたいヨ」と夫が言ったとしたら、どれだけの「会社員の妻」が落胆するだろうか。

8　自立の条件

木下氏の情報提供者が、ハズレモノだったという事実は、もう一つの重要な含意を持っている。それは、ヨソモノだけが批判的な視点を確保できる、ということだ。家族企業主義に対して夫たちより妻たちの方が批判的に見えるのは、家庭が相対的には企業から離れて位置しているからであろう。

精神の自立・行動の自由を確保する最低限の物理的条件は、逃げかくれできる「べつな場所」を持つことである。時間・空間・資源において、「自分だけの領域」を持つことである。小さい時から母親に何でもありのままを話してきたという少女が、自分はいい子だという誇りを持っているのだけれども、まるで自分が自分でないロボットみたいだ、と私に悩みを訴えに来る。私は母親に憎まれるのを覚悟で、アドバイスする――お母さんにウソをついてみたら？　母親の眼から何かをかくさなければ、自分自身でいることはできない。ウソで遮蔽したテリトリーの中で考えていることが、母親が先刻承知の他愛ないことだって、かまわない。

そのように、妻が自由を確保するには、自分の時間・自分の空間・自分の資源（ことにオカネ）がなくてはならない。「母さんの個室」に仕立てたコーナーで、母親が子どものセーターばかり編んでいたってかまわない。「母さんのこづかい」で買うものが、晩のお惣菜を一品豪華にするための買いものばかりだっていい。さしあたり、自分だけのもの、他人に視えない領域が、自立のためには不可欠なのである。

もちろん、自分の時間・空間・カネがあったって、自立してない女性は沢山いるわよ、というクレームがすぐに聞こえてくる。逆は必ずしも真ではなくとも、少なくとも、他者から視えない、他者のコントロールが入りこまない領域の確保は、自立と自由のための最低限の物理的条件なのだ。

だから行動の自由と精神の自立を獲得したいと思う会社員の妻は、不便とコストを承知で、社宅を避けて、自分の居住空間だけでも会社と同僚から「視えない」ものにしたいと願う。夫とはちがう交遊関係を持ち、夫とはちがう社会活動に参加しようとする。

夫は夫、妻は妻で行動する空間がちがう日本の性的隔離システムは、夫と妻がカップルで行動することを要請される欧米型のシステムより、ある意味で妻の自由度は高いと言える。欧米のビジネスマンは、宴席に日本側の妻たちが同席しないことを訝り、家庭に幽閉された日本女性の神話を作り上げるが、日本の妻たちは、夫のビジネスにそこまで巻きこまれずにすむ幸運に、家でTVを見ながらひそかにほくそえんでいるかもしれないのだ。

しかし自分より大きなもののコントロールから身を守るために、それからは「視えない」べつな時間・べつな空間・べつな資源が必要だ、ということは、女性だけにかぎったことだろうか。もちろん、これは、女にとっても男にとっても子どもにとっても、真理だと言える。女たちが「べつな領域」を求めかつ持ちはじめた時、彼女らは男たちが企業以外のどこにも彼らだけの「べつな領域」なぞ持っていないことにも、気づきはじめたのである。

七〇年代の女性解放運動は、女性を一面的な家庭人間から解き放って、職業人間にも、余暇人間にも展開していくことを、つまり、全体的人間像として自己実現していくことをめざした。女性が自分の偏頗な部分性に気づいたとき、彼女らは、ちょうど裏がえしの男性の一面的な部分性をも指摘しえた。企業マンたちの話題の乏しさ、趣味の貧しさ、交遊関係の狭さと一面性、家族へのコミットメントの希薄さを、妻たちは指摘する。そして「かわいそうに、老後はいったいどうなるのでしょうね」と彼女らは同情を寄せるのである。

会社員は、企業に同一化するあまり、企業の目からは視えない「自分だけの領域」を持たない。もちろん、そんなヒマも余裕もないのだ。しかし、夫との離婚や死別にあった社宅妻が、いちばん助力の必要なときに社宅から追い出されるように、男性たちも、停年を迎えて企業に自分が無用となったときに、手もとに残るものが何ひとつないことに気がつくにちがいない。その時になって、家族企業主義のエージェントとして、妻子を支配し、自らも企業に支配されてきた男性たちが、そのつけに気づいても遅いのである。ハズレモノの女たちの視点は、抑圧者の不幸をも、見据えている。

注

（1）アネット・クーン、アンマリー・ウォルプ編、上野他訳『マルクス主義フェミニズムの挑戦』勁草書房、一九八四年、上野解説論文参照。

（2）共同体の変質と血縁・地縁・社縁・知縁（選択縁）の共同紐帯の諸相については、以下を参照。上野「祭りと共同体」井上俊編『地域文化の社会学』講座・地域社会学、第三巻、世界思想社、一九八三年。

（3）佐藤忠男『家庭の甦りのために―ホームドラマ論』筑摩書房、一九七七年。

（4）武田京子「主婦こそ解放された人間像」『婦人公論』一九七二年四月号。上野編『主婦論争を読む』Ⅱ、勁草書房、一九八二年、に再収録。

（5）松田道雄『女と自由と愛』岩波新書、一九七九年。松田氏の家庭「解放区」論の功罪については『主婦論争を読む』Ⅱの解説論文（本書第4章）の中で展開しておいた。

Ⅳ

13 おんな並みでどこが悪い

1 解放イメージの混迷

女性解放とは、女の自立とは、どんなことをさすのか、しだいにわかりにくくなっている。女性解放が即職場進出と信じられた時代とちがって、「女が仕事を持っても必ずしも、女性解放につながるとは言えない」と答える女性が約三五％もいる（総理府「婦人に関する世論調査」一九七六年）。食事ひとつ作れない男の生活無能力ぶりを見れば、「経済的自立だけが自立とは限らない」という議論も出てくる。豊かな社会の中で、主婦がたっぷり自由時間を持てる生活をエンジョイできるとなれば、「女に生まれてトク」をしたという考えもあらわれる。女性解放が、「被害者の正義」を叫んでいればよかった時代は、終わりつつある。

現に、アメリカのウィメンズ・リブの創始者、ベティ・フリーダンは、「私の娘はフェミニストと自分を呼びません」と言う。

「なぜって、もう彼女たちの世代はフェミニスト（女性解放論者）である必要がなくなったからです」。

フリーダンの娘のように女性解放がすでに達成された、と考えるほど私はオプティミスティックではないが、ともあれ「解放」のイメージが錯綜し、見えにくくなってきたことだけは、たしかである。それは、女の状況が、ここ二、三〇年のあいだに、確実に変化してきたことを反映している。その変化の速度は、思ったより早い。もちろん大状況は絶望的なほど遅々として変わらないが、少なくとも女の意識と暮らしの変化は、世代の交替のスピードより早い。それなのに、いやそれだからこそ、女の解放についての古くさい固定したイメージが、人々の頭にまだこびりついている。その混乱を解きほぐすために、確実に変化してきた女性解放の諸段階が、いまどこまで来ているかを、順を追ってふり返ってみることにしよう。

2　「仕事か家庭か」

女たちは、長い間「仕事か家庭か」という二者択一の問いを、迫られてきた。男たちは誰もこの問いを迫られないのだから、考えてみれば、おかしな話なのだが、「男は仕事・女は家庭」の近代型性別役割分担の中では、「結婚したら主婦」になるのは当たりまえのこととされていた。もちろん、結婚を避けることで、性別役割分担の罠に陥ることをまぬがれる、という「最後の手段」が女にはいつも残っていた。私の教える女子短大のクラスには、今でも毎年一人か二人、「わたし、結婚なんかしません」と突っ張る学生がいて、その悲壮な顔つきを、私はやれやれ、と眺める。彼女たちは、結婚が女にとってワナだ、というところまでは知っているが、逆に言えば、結婚とはこうあるべきだという固定したイメージで、頭ががんじがらめになってしまっているのだ。だから、結婚のなかみを変えようとは思わずに、結婚からオリることしか考えない。

「仕事か家庭か」の二者択一の時代には、仕事の場にとどまる女たちは、非婚の女たち——未婚の若い女、嫁《い》きおくれのハイミス、死別した後家さん、離別女姓——つまり、結婚の外側にいる、あるいは結婚からはみ出した女たちで、「働かなければ食べていけない、かわいそうな女たち」だった。

職業婦人といえば、すぐに、やせぎすでヒステリー気味のハイミスというステレオタイプのイメージがついてまわった。「おおこわ、また欲求不満のオバサンのヒステリーだぜ」という揶揄を避けるために、職場のベテラン女性社員は、声を荒げることにさえ、気を使わなければならなかった。職場に居すわる女たちは、ブスで色気のない、男にもてない嫁《い》かず後家と陰口をたたかれたが、事実、男社会である職場でがんばってきた先輩キャリアウーマンたちは、自分の女らしさを圧し殺してきたと言える。男まさりのキャリアウーマンと言われる人々は、結婚・家庭・子どもをあきらめ、女らしさを犠牲にして、男社会に伍してきた。いま五〇代から六〇代、戦後の混乱期に男女共学教育の洗礼を浴びて職場に進出し、まっしぐらに駆け抜けてきたあと、功成り名遂げて、さまざまな企業で「初の女性重役」の地位にたどり着いたキャリアウーマンのパイオニアたちの多くは、このタイプ――独身か若くして後家さんになった人たちだ。

彼女たちの多くは、ふっと後を振り返った時に、自分のあとについてくる女たちがあまりに少ないのを嘆く。彼女たちの共通点は、結婚問題に悩む若い女性や、子どもを持って苦労している世帯持ちの同性の労働者に対して、同情がないことだ。もちろん男社会の中で男に伍して働くには、「男の三倍働いて、やっと男なみに認められます」といった苦労はあるだろう。このがんばりやの女性たちは、後輩の女たちが、自分と同じように努力しないのが歯がゆい。職場の同僚で、家庭持ちの女には、同情するどころか、かえって家庭を顧みずに働くことを強要する。「女の上司だから女に理解があるなんて、ウソっぱちね」と、若い女たちがあきれるほどだ。自分が家庭を放棄し、女らしさを犠牲にしてきたという被害者意識がどこかにあるから、同性にはかえって容赦がないのだろう。

このタイプの職業婦人のひとつのパラドクスは、自分が有能な職業婦人であることと「女の幸福は結婚」と考える頭のなかとが、いっこう矛盾しないことだ。たとえば明治期の職業婦人のパイオニア、女教師たちは、自分は結婚制度の外側にいながら、女生徒たちには結婚生活の理想を説いた。跡見女学校の跡見花蹊は独身女性、実践女学校の創設者下田歌子は、若くして夫に死に別れた未亡人だったが、二人とも女子教育の理想に、「良妻賢母」主義を掲げた。

考えてみれば、教壇に立つ女教師が、女の幸せは結婚にある、自分をモデルにするな、と説くのだから奇妙な話だが、この「謎」は、こう解けば謎でなくなる。つまり、彼女たちは「結婚するなら一〇〇%の良き妻・良き母に、職場にとどまるなら一〇〇%の有能な職業人に」の二者択一のモラルを内面化して生きているのである。結婚したら職業は放棄すべきだし、職業を持てば結婚は断念すべきなのだ。

そしてこの二者択一の中で、自分はたまたま職業の側にいるから、一〇〇%のよき職業人でいるが、だからと言って、女の子たちに家庭人としての教育を授けることには何の矛盾もない。自分は故あって結婚の外側にいるが、彼女の仕事は、女の子を結婚の中に送りこみ、良き妻・良き母とすることなのである。彼女はただ自分の価値観を若い世代の女性に伝えているにすぎない。

女らしさを抑圧し、女であることのハンディを努力で補ってもなお、男と伍して働く独身の女たちは分が悪い。一人身は気ラクでいいじゃないの、という予想とは反対に、世帯持ちの男たちには、専業主婦という強力な援軍がついているからだ。帰ればフロがわき、メシの仕度がしてあり、洗濯物は放り出しておけばきれいになって戻ってくる、という男たちとちがって、独りものの女は、身のまわりのことを何から何まで自分でやらなければならない。だから女たちは「私だってヨメサンほしいくらいよ」と悲鳴を上げる。後顧の憂いなく夫を働かせる銃後の妻あってこそ成りたっている、日本の仕事優先の企業社会では、専業主婦のいない男や女は、不利なのだ。まして女房が共働きで、夫に家事分担を要求するに至っては、悪妻ここに極まることになる。

3 「仕事か子どもか」

「仕事か家庭か」という二者択一の図式は、今ではもう古典的になってきた。女たちはもう、職場で女らしさを犠牲にしようとは思わないし、働くと婚期を逸するなどとは誰も夢にも思わなくなっている。職場で女らしさを意識したファッションは歓迎されるし、ある調査によると、化粧っ気のない女より、化粧した女性の方が職場で有能だ、という結果が出ているくらいだ。働く女性はモテない、どころか、職場にでも出ないと男に出会う場所もない。働いている女性は生き生きして魅力的だ、と考える男性もふえているし、少しぐらいは自分の仕事をわかってくれた方が妻にするには好都合だ、という考え方もある。働く女は十分に相手を物色できるし、結婚と仕事の両立は、むずかしいことではない。

だが、それも子どもを産むまでのことである。ファミリー・サイクル第一期の「子なし・夫婦のみ」の時期に共働きをつづけるのは、今ではまったく何の障害もない。大人二人の生活のための家事労働なんてたかが知れているし、家事は大幅に省力化した。どのみち独り暮らしでやらなければならない家事・炊事を考えると、結婚したらかえって家事がラクになった、というケースもあるくらいだ。夫は昼間家にいないし、専業主婦になればもてあましたヒマをTVでつぶすぐらいしかない。だからいままでは「結婚退職」は、ほとんど現実性を失ってきている。代わって深刻になっているのが、「出産退職」である。

「仕事か家庭か」の問いのうち、「家庭」のなかみは、ひと口で「家事・育児」と言われるけれども、家事と育児はずいぶんちがう。家事は省力化も手抜きもできるが、育児はそうはいかない。家事は自分のつごうに合わせて「まとめて料理」なんてできるが、育児は、「今日ヒマだからまとめて育児」、というわけにいかない。

育児は相手のある仕事で、子どものつごうにこちらが合わせなければならないという点が、他の家事と決定的にちがう。だから、子どもという他人、しかも親に依存せずには一日たりとも生きていけない他人をかかえこんだ家庭生活は、大人だけの生活とは、大きく変わらざるをえない。私の友人の一人は、「結婚する時は悩まなかったのに、子どもを産むときには迷い抜いた」と述懐する。結婚は彼女の生活を変えなかったが、子どもは生活のしかたを根こそぎ変えるからである。その上、夫は返品可能だが、子どもはいったん作ったら返品がきかない。

女性解放の第二段階は、「仕事か家庭か」から「仕事か子どもか」へ移ってきた。働く女たちは、自分が子どもを犠牲にしていることに悩んでいる。キャリアを追求する女たちにとっては、子どもは仕事と完全にトレードオフ（あちら立てればこちらが立たず）の関係にある。子どもを持つことを先にのばしながら、自分のキャリアを確立してきた女たちの間に、いまアメリカでも日本でも三〇代のベビーブームが起きている。女の生殖可能な生理年齢は、思ったより短いから、三〇代の声を聞いて、女たちは締切りを目前にあわてふためくのだ。母になるのぞみは捨て難く、女たちは一大決心をして子を産むが、高年初産になるほど母子ともにリスクは高くなる。

子どもを持って働いている女性たちも、この「仕事か子どもか」の二者択一の問いを内面化しているせいで、子どもに対する罪の意識に悩まされつづけている。子どもたちは「鍵っ子」と呼ばれ、まわりの大人たちから「お母さん働いてるの。ボク、かわいそうね」とよけいな同情を受ける。スクスク育ってる子どもさえ、「そう、ボク、かわいそうなんだ」と納得してしまいかねない。その上、「お母さん、あなたの育て方が、子どもの一生を決定します」と、科学的な装いのもとに心理学が母親を脅迫する。

共働きの母親のステレオタイプは、インスタントのそうざいパックの味気ない料理、手抜き家事と雑然とした室内、その中でかまわれずに育つ哀れな子ども、という図式だ。やれ非行だ、自閉症だ、となると、すぐに母親が働いていたから、に結びつけられる。実際には、母親が働いていないふつうの家庭の子の方が、非行を多く起こしているのに、である。

言うに言えない苦労をしながら、かつ周囲の無理解と非難に耐えた上で仕事をつづけてもなお、子持ちの女は、職場で半人前に扱われるという口惜しさを味わわなければならない。やれ子どもの病気だと言っては休み、子どもの試験だと言っては残業を断る。「やめりゃいいんだよ」という同僚の冷たい視線を背中に感じながら退社する。母親の不安定な気持ちを映し出すように、子どもが情緒障害や問題行動を引きおこす。結局は涙をのんで退職する女たちを、私は何人も知っている。

4 「仕事も家庭も」パートI

女性の職場進出がこんな暗いハナシばかりでいろどられていたら、そこまで犠牲を払って得られる自立なんてまっぴら、と女たちが思っても無理はない。けれど戦後三〇年余、女たちは強くなりつづけて、「仕事も家庭も」らくらくこなす女たちが現われた。

今では、バリバリのキャリアウーマンが、結婚して子どもを持っていても誰も驚かないし、女っぽい粧いであらわれたら、かえってセンスの良さをほめるくらいだ。たとえば「仕事か家庭か」の時代の私たちのヒーロー――ヒロインと言うべきだろうか？――は、結婚もせず、子どもも持たず、この道一筋に歩んだ大先輩、市川房枝さんのような人だが、今日、「仕事も家庭も」の時代のモデルは、主婦としての役割をこなした上で、なおかつ、男顔負けの仕事をこなすスーパーウーマンである。

もちろん、こんな生活は、誰にもまねができるものではない。家庭と仕事と、いずれの領域においても一人前の仕事をこなす女たちは、つまり二人前以上の能力のあるスーパーウーマンたちで、彼女らは、能力と、何よりも体力と、そしてそれに劣らず運に恵まれている。こういう女性の周囲には、たいがい姑か実家の母がいて子育てを助けてくれているものだし、本人自身が何より肉体的にタフである。自分も、そして夫も子どもも、健康でなくては、こんな生活はもつものではない。

いつの時代にも、こういうずば抜けたスーパーウーマンは、人口の何パーセントかいて、彼女たちの姿は女たちの希望の星になってきた。だが能力も体力もないふつうの女がこのまねをしようと思ったら、まずただちにカラダをこわすのがオチだ。無理をしてへこたれる女たちを、責めるのは酷である。無理をしてもへこたれない方が、とくべつなのである。

なるほど、仕事も家庭もさっそうとこなすわれらがスーパーウーマンの姿はきらきらしい。もちろん能力に劣らず努力もしていることだろうが、女だってがんばれば、あんなふうに自立と解放をかちとることができる、というモデルを提供してくれそうに見える。仕事も家庭も、と欲ばって、それを全部実現してしまう、女の自己実現のお手本のように思える。

だが、概してこういう女性たちは、自分の能力と努力のレベルを標準にものを考えるから、自分なみに力もがんばりもないふつうの女たちに対して厳しい。彼女たちは、ダメな女の甘えを批判するが、その裏には、できる女のおごりがある。アメリカの社会学者は、これをうまく名づけて「女王蜂症候群」と呼んだ。

彼女たちは、ダメな同性の力とがんばりの無さが口惜しくてたまらない。「私がこんなにがんばってるのに、あなたたちが女一般の評判を悪くしてるのよ、女の足を引っ張るのは女だっていうのは、ほんとうね」と嘆く。

「女ってやーね」と同性批判をする彼女たちに、男の同僚は「そうだ、そうだ」と便乗する。「女って、責任感がなくて、自分勝手で、視野が狭くて、そのくせ注意されるとすぐにヒステリーを起こす。あれじゃや、職場で差別されても無理はないよ」「ちょっと待って、あたしも女よ」と切り返す相手には、こう言ってやればいい――「キミ？　キミはとくべつだよ。キミは、ふつうの女じゃない」。彼女は自己満足にニッコリすること、うけあいだ。

かつて、「仕事か家庭か」の時代には、「女は職業を持たない方がよい」、はては「持つべきでない」という通念が支配的だった。その中で職場に入っていった女たちは、職場の女性差別を覚悟の上だったし、差別はやむを得ない、当然だ、と思われていた。だが「仕事も家庭も」の時代には、能力のある女は職場にとどまってもいい、となり、そのうえ有能な女性が家庭にひきこもるのは社会の損失だ、というところにまで考えが変わってきた。そういう能力も努力もともなった女性に対して、職場の女性差別があるのは不公正だ、と考えるところまで、世論は変化してきた。

ただし、職場の女性差別は不公正だ、と答える大多数の女性たちは、内心じくじたる思いを抱えている。がんばってるあの女《ひと》には悪いけど、わたしはあそこまでやりたくないわ。だから、ほどほどに、身を入れずに仕事をしている自分は、とても男子社員なみに働いてるとは言えないし――もちろん企業は、男子社員なみのやりがいのある仕事なんて、女にはやらせてくれない――だから自分の仕事ぶりを考えれば、差別されるのも仕方がないという気にもなる。

スーパーウーマンは、万人のモデルにはならない。彼女らのかがやかしい姿を見れば見るほど、できる女はやればいい、わたしは足を引っ張るようなことはしたくない、でも自分にはとても無理だわ、とただの女は思ってしまう。それを見たできる女は、「だから女は」とくやしがる。女同士のちがいは開く一方だ。

事実、仕事と家庭を両立させようと悪戦苦闘している女性の生活は、すさまじい。見ているだけでこちらが疲れてしまうほどだ。その実状を見て、そこまでやらなきゃならないんなら、わたしオリルわ、とエリートならぬただの女たちが思ったとして、誰が責められるだろう？　今の若い女性たちの意識は、やりたい女はやればいい、でも私はべつ、というものだ。自分の能力の限界を知っている女の子たちに、能力以上の努力をしないからと責めるのは、そちらの方が見当ちがいというものだろう。

「仕事も家庭も」の自己実現は、今までのところ、エリート女の自己解放だった。エリート女とただの女の食いちがいは、労働基準法の女子保護規定の改廃をめぐる立場のちがいにあらわれている。「深夜労働の禁止」規定の廃止に賛成するのは、新聞、ＴＶなどのマスコミ労働者と管理職の女性たちだった。なるほど事件を追いかけている女性記者に対して、「ハイ一〇時です。規定ですからお帰り下さい」となれば、仕事にならないにちがいない。こんな保護規定があるから出世の妨げになる、と彼女たちが考えるのも無理はないが、彼女たちは何十倍もの難関をくぐって男社会にもぐりこんだエリート女性労働者だ。

深夜業務禁止規定がなくなれば、大多数の底辺労働者の間で、深夜勤を妨げる理由がなくなる。とりわけ、これから花形のコンピュータ産業の中で働く、オペレーターなどの底辺女子労働者たちは、機械を遊ばせておくのがもったいないという理由で、機械に合わせて深夜勤を強いられる、女工哀史の現代版になりかねない。

平等が欲しければ保護は手放せという「保護か平等か」の二者択一を、政府は女性に迫っている。

女性運動家たちが、この一見もっともな政府案に、「保護も平等も」という「非論理」で闘っているのは、平等の代わりに男なみに働くことを強いられるなんて、まっぴらごめん、という考え方からだ。そしてこの「保護ヌキ平等」が、一部のエリート女たちを残して、大多数のただの女たちを、職場から切り捨てる結果になることを論理的に見抜いているからだ。

5　「仕事も家庭も」パートⅡ

「あなたは仕事と家庭を両立できますか?」という問いは、ふつう男には向けられない。「両立」は、女だけの課題であって、そのためには女は二人前の能力と努力を支払わなければならない。男たちはとっくに「仕事も家庭も」手に入れているというのに、彼らのその「両立」は、人並み以上の努力の結果だろうか? ただの男があたりまえのようにして手に入れている仕事と家庭と子どもを、女が手に入れようと思えば人並み以上の努力を払わなければならないなんて、どこかおかしいんじゃないか。

もちろん、ただの男が「仕事も家庭も」両立してこれた背景には、女に家庭責任を全部押しつけたせいがあるが、世の中では、大して能力のないただの男が、大して努力も払わないでちゃんと仕事を得ているし、家庭も子どもも持っている。だとしたら、ただの女が、大して努力をしなくても、「仕事も家庭も」両方望んで、どこが悪いだろう。「仕事も家庭も」パートⅠが、エリート女の自己解放だとしたら、「仕事も家庭も」パートⅡは、ただの女の居直り解放だ。

とくべつな女でなくても、どんな女でも、仕事も家庭も両方持てて当たりまえ、というところにまで、女性解放の考え方は進んできている。フェミニズムのすそ野は大きく拡がって、大衆化した。そうなれば、ただの女が「仕事も家庭も」持てるための条件が必要になってくる。

かつて「仕事も家庭も」手に入れようとしたエリート女たちは、自分のがんばりで両立させるほかなかった。職場に出れば、家庭を顧みず男なみに働くことを要求された。そうしてはじめて、一人前の労働者だと認めてもらえた。

そういう女性にとって、「お子さんが病気だからすぐに引き取りに来て下さい」という保育所からの電話は、仕事の妨げになる災厄と聞こえただろう。おそるおそる早退していく自分の背中に、同僚男性の冷たい視線を感じ、ああこれでまた責任ある仕事をまわしてもらえない、と思う。女性たちは、こんな時、病児保育があったら、と切実に望んだものだ。

しかし子どもの側からすれば、それでなくても病気で不安に陥っているのに、行きなれた保育園じゃなくなじみのない病児保育施設に放りこまれるのは、もっとかなわないにちがいない。病児保育というのは、大人の側の要求だ。いや、母親本人の要求というよりも、職場の側の要求だ。病児保育を、の代わりに、堂々と休みをとって子どもの側にいてやって、どこが悪い。どのみち仕事は他人が代わってても大差ない、という程度のものだ。それにくらべれば、子どもにとって自分はかけがえのない存在じゃないか。

病児保育を、という要求は、今では子どもの看病休暇を、という要求にとって代わりつつある。この変化には、実は大へん大きな発想の転換がともなっている。職場の中で男なみに働いてはじめて一人前、という考え方から、女たちはオリはじめている。生活の中で自分にとって何が大事かを考えれば、家庭を切り捨てての労働なんて、まっぴらごめん、と女たちは思う。女たちは、仕事なんて家庭を犠牲にしてまでやる値うちのあるものだろうか、と思っている。仕事優先の考え方は、職場のつごうで、わたしのつごうじゃない。そもそも男たちが、仕事優先で家庭を顧みずに仕事にうちこんで来られたのは、家庭責任を女に任せっきりにしたおかげじゃなかったのか。

里心労働者、という言葉がある。職場で晩のオカズのことを考えている女性のことを言うのだそうだ。生活者なら、晩のオカズは大問題だ。男が晩のオカズのことを考えずにすんでいるのは、ヨメさんに任せっぱなしにしてるおかげにほかならない。里心労働者でどこが悪い——これが女の論理である。

女は家庭を支えながら仕事をしている。仕事を愛しているが、家庭を犠牲にしてまでうちこむ値うちのあるものとは思わない。これが健全な生活者のバランス感覚というものだ。「男なみ」を要求されるのはまっぴらだ、「女なみ」でどこが悪い——女の自信と実力は、ここまできている。

だからと言ってこれを、女性差別の口実にされるのは困る。男と女の間の平等を達成するには、二とおりの方法がある。一つは、女が「男なみ」になることである。長い間、女性解放は、この路線で考えられてきた。だから、男女平等とは、女が女らしさを失って男性化すること、と短絡的に考えられてきた。もう一つの方向は、逆に男が「女なみ」になることで両性が平等になる方法だ。女はとっくに職場進出を果たし、男社会の中に食いこんだ。今度は、男たちが、家庭に戻ってくる番じゃないのか。男たちの側で、「仕事と家庭」の両立が、問われるべきじゃないのだろうか。

念のために付け加えておくが、男の「女なみ」化は、安直に考えられているように、男が「女々しく」なること、男の中性化を意味しない。逆に、男らしさの囲いでやっと守られた男のやわなアイデンティティに、ほんとうの自信を回復させてあげる道だ。

6　「女の努力」から「男の変化へ」

まとめて見よう。女性解放の道すじは次のような段階を追って進んできた。

第Ⅰ期「仕事か家庭か」
第Ⅱ期「仕事か子どもか」
第Ⅲ期「仕事も家庭も」パートⅠ
第Ⅳ期「仕事も家庭も」パートⅡ

私たちは現在第Ⅳ期にいる。が、あいかわらず、女姓解放のイメージを、古めかしいⅠ期やⅢ期のステレオタイプでとらえる人々がいる。頭を切り換えなければ、何が解放か、についての議論は混乱するばかりだ。

Ⅰ～Ⅲ期からⅣ期への転換には、大きな飛躍がある。それは、価値観の転倒と言ってよい発想の転換だ。

Ⅰ～Ⅲ期の女性解放は、ひたすら女の努力によって達成されるものだった。それは女の側の問題であり、女だけの問題だったのである。第Ⅳ期には、女の努力だけでは限界があること、むしろ男の変化こそがかんじんかなめなのだ、ということがわかってくる。つまり、ただの女の解放のためには、男と女と子どもを含めた社会の変化が不可欠なのだ。もう女の問題は、女だけの問題ではなくなっている。

そして、第Ⅰ～Ⅲ期から第Ⅳ期へのこの転換には、性別役割分担の廃止を明言した一九七五年の国連女性差別撤廃条約が、大きな力を果たしていることは、もう多言を要さないだろう。

女の集まりで話をするたびに、真剣で熱気を帯びた彼女たちに向かって、口がさけても言いたくないことばがある。それは「がんばって」という一言だ。私は「がんばって」と他人に言うのもイヤだし、他人から言われるのもイヤだ。がんばりたくなんか、ないのだから。それでなくても、女はすでに十分にがんばってきた。がんばって、はじめて解放がえられるとすれば、当然すぎる。今、女たちがのぞんでいるのは、ただの女が、がんばらずに仕事も家庭も子どもも手に入れられる、あたりまえの女と男の解放なのである。

14 女のかしこさ

1 「女のかしこさ」って何だろう？

「おとこはんというもンは、立ててさえおけばいいもンや。何でもハイハイ言うて、立ててさえおけば、おなごの思うとおりに動いてくれはる。それが賢い女というもンや」——と、つね日頃、お母ちゃんは言うてはる、と学生の一人が私に告げに来た。京都のある女子短大で、女性学の授業を終えたあとのことである。学生は、京都の下町の商《あき》んどの娘で、彼女は、せんせは女が差別されてるて言わはるけど、お母ちゃん見てたらそんなことあらへん、お母ちゃんはソンしてはらへん、と異議申し立てに来たのだ。

なるほど自営業者の家庭とサラリーマンの家庭では、妻の労働の価値や、金銭という資源に対するアクセスの能力がまるで違う。彼女はその上、ごていねいに、ウチの中でほんまに強いのは、お母ちゃんや、とまで付け加えた。

いま、自営業者の家庭における妻の地位の高さを割り引いて考えても、彼女の母親が娘につね日頃言い聞かせている処生訓の中には「女の賢さ」についての一つの見解が含まれる。それは、生活のしくみに逆らわず従って、それを利用しろという弱者の知恵である。生活のしくみをコントロールする力は、当面男の側にあることを認めた上で、それを間接的に――しかも、労無くして――統制する、いわば狡猾さを、母は娘にすすめているのである。

このかしこさは、世知に対する分別を意味している。まず世間のしくみが女にとってどうなっているかを分別すること。その上で、分に従って、それを自分に有利な状況に導くこと。この分を守らないと、「女の分際で」「分不相応に」という譴責を買うことになる。分別がある限り、古来女は、みめかたちや、顔の照り曇りだけで、男を意のままに動かす力を持ってきた。男たちは「鼻毛をよまれて――女が男の膝に甘えて見上げると、ちょうど視界のまんなかに、男の鼻の穴が見えるかっこうになる――女の言いなりになってきた。

この分別が、弱者の知恵だというのは、女には直接事態を作りかえる力がないこと、女が分を超えて力を発揮することは――たとえその力があっても――禁止されていることによる。だから女の権力は、男に対して依存的なものにならざるをえない。つまり、女は男とうまくいっている間だけ、男の権力をかさに着ることができるのだ。

ニーチェ流に言えば、この「奴隷の権力」のトリックを、見抜いている女の子たちもいる。先の学生と私のやりとりをそばで黙って聞いていた、もう一人の女子学生——彼女は山陰の片田舎から京都の女子短大に進学したサラリーマンの娘だった——は、あとでポツリ、ともらした。「そんな、ダンナさんに何でもハイハイ言うなんて、かなわない。結婚して一週間ならともかく、一生そんなウソついて暮らすの、わたしはいや」

2　男のかしこさと女のかしこさにちがいはあるだろうか？

ところで、男のかしこさと女のかしこさにちがいはあるだろうか？　女のかしこさが、世知や処生訓のような、弱者の知恵に近いことは見てきたが、男のかしこさも、「長いものに巻かれろ」式の分別を強調するところはある。世の中のしくみの中では、一人一人の男は個人としては弱者だから、そのしくみからはずれる（分別のない）行ないをする男は、やっぱり「賢く」ないわけだ。

しかし一般に、「女の利巧より男の馬鹿がよい」と言われているほど、ことわざの中では、女のかしこさは信用されていない。「女の猿知恵」「女賢しくして牛売り損なう」「女の賢しいのとこちもと（東南）暗いのとは当てにならぬ」「女の知恵は後へ廻る」等々と、女の知恵がどんなに浅はかで目先にとらわれているかということが強調された上で、「女の言きくべからず」と結論されることになる。

ことわざというのは、民衆の日常的な生活感覚を、一定のことばの鋳型に流しこむことで、「状況の定義」（ピーター・L・バーガー）を行なうものだから、私たちはことわざを通して民衆の生活世界像を知ることができる。その中で、女のかしこさがこれほどおとしめられていて、たとえば女がいくばくかの才気を示すと、「小賢しい」と一蹴されるとなれば、ほんとうにかしこい女の戦略は、「ばかのふりをする」ことになる。つまり、ばかとして扱われることに異議申し立てをしないかしこさというパラドクスである。この女の戦略は、冒頭の商んどの妻の処生訓に通じるところがある。

もちろん男の場合にも「能ある鷹は爪をかくす」と言って賢さをひけらかすことは、とくに日本的な文脈の中では徳とされない。だが賢さは、男の場合には屈折なしにプラスの価値としてとり扱われる。賢さの一つの東洋的理想に「大賢は大愚に通ず」というのがあるが、ここまでくると、一つの宗教者の境地と言うべきで、すべての女性にこの理想を要求するのは、男たちの虫のいいのぞみと言うべきである。

こういう「女のかしこさ」は、いったい誰の役に立っているのだろうか。言いかえれば、女が賢いと、男と女のどちらがトクをすることになるのだろうか。

女のかしこさは、男と女から成り立っている家庭や世の中のしくみにさからわない、その中で生きていく弱者の知恵として表現されていることを見てきた。だから、女のかしこさは、このしくみに順応することで、このしくみを操縦する知恵なのである。もちろんその中で最終的にトクをしているのは女だという説もあるが、女のかしこさがこのしくみをうまく持続させるという機能を果たしている限り、このしくみの中で、いったい誰がいい思いをしているかを、問わなければならない。

たとえば結婚生活というしくみの功罪は、それがうまく機能している間は明らかにならない。それが破綻したときにはじめて、結婚は誰にとってトクな制度だったかが明らかになる。たとえば「結婚は男の墓場」と言われて、未婚の男女の間では、女の方がとかく結婚したがる、と考えられている。男は女につかまって「年貢の納め時」と観念し、「三食ヒルネつき」の身分を羨みながら、働き蜂に精出す、ということになる。だが、実際にこの結婚生活が破綻してみると、おもしろい事実が浮かび上がってくる。離婚者のうちで、男は八〇パーセント以上が再婚希望なのに対し、女の方の再婚希望は、わずか三分の一にすぎず、半数以上の女性は、結婚は一回でたくさんだ、と考えているのだ。つまり男性の離婚経験者は結婚生活に懲りていないのに、女性の方は、もう懲りごりだと考えているのである。この事実からだけでも、結婚というしくみが、男と女のどちらにとってうまみのある制度かは、明らかだろう。

女がトクをしないしくみの中に、女を適応させるようにすすめる「かしこさ」とは、どうやら結局、男のタメになっているらしい。それはたんに人形のように男のいいなりになる、ということとはちがう。自分からすすんで、あるいは時に自分の主体的な判断から男を欺してでも、「男のいいなりになる」というしくみを支えることである。日本の賢夫人の鏡と讃えられる、山内一豊の妻を例にとってみよう。安土の貧しい田舎の地侍だった彼女の夫は、出陣の呼び出しがかかった時に、馬を用意することができなかった。無念の涙をのもうとする夫に対して、彼女は、ヘソクリの貯えの中から、夫のために馬を購い、夫の窮地を救ったのである。もちろんヘソクリは妻の夫に対する裏切りの一種である。しかし実はこのヘソクリは夫のタメになった、というわけだ。山内一豊の夫人は、夫の意に唯々諾々と従わない、まことに主体的な意志を持った女性だけれども、それはひとえに妻の分を果たすためであったのだ、というオチである。

自分のトクにならないしくみの中にすすんではまりこむよう女にすすめる「かしこさ」とは、つまり、女にそれ以外の道がないことを暗示している。しくみからはずれたら、もっと痛いめにあうから、うまくしくみの中に納まりなさい、それどころかしくみを逆手にとって利用しなさい、と教えているのだ。ましてや、しくみそのものを変えていく「かしこさ」など、はなから女には期待されていない。これしかないからこれを選びなさい、とすすめる「女のかしこさ」は、だから逆説に満ちている。

3 「かしこさ」とは何だろう？

ところでこの考察の目的は、世間一般に考えられている賢さの定義から離れて、「ほんとうのかしこさとは何だろう？」と再定義する試みだから、「これまで女のかしこさは以上のように考えられてきた」という記述から離れて、女のかしこさをどう考えるべきだろうか、という論点に移っていこう。

そもそも「かしこさとは何だろう？」という問題を、学者が寄ってたかって論じること自体におかしさがある。というのは、学者は一般に「賢い」と考えられているが、その実まったく「賢く」なんかないからである。たとえば賢さが物知りという意味であれば、学者は町の情報通やクイズ番組の全問正解者に負けるし、緻密な頭のよさという点でも、囲碁名人の思慮にはかなわない。目から鼻へ抜ける利口さという点では、生き馬の目を抜くビジネスマンの世界の方に、もっと利発な人がいるだろうし、悪賢さという点では悪徳代議士や結婚詐欺師にかなわない。気転のよさや機知では、むずがる赤ン坊のような酔客を毎夜こなしているバーのホステスの方が上だろうし、思いつきや才知では、ゴムパッキングを考えついた町の発明家のような実践的な能はない。私自身の実感的な経験および観察からは、どうやら学者とは、ほかに能のない人のやる商売らしいのだ。私にしても、もっと賢ければ大学の教師なんてやってないのになあ、という無念の思いがいつもある。ペーパーテストで少々いい成績をとるぐらいの能はあったかもしれないが、それは世の中を生きていく賢さとは、何の関係もないことは、この年齢になれば誰にもわかってくる。

そういう眼から、性・年齢・職業・門地・位階・勲等……に一切かかわらず、私じしんがこの人は賢い人だなあと惚れぼれするような人を考えてみよう。そして、私じしんが感じる「かしこさ」の内容を、分節する試みをしてみよう。

日常経験の中で、私たちは知らず知らずのうちに、「利口な」人と「かしこい」人とを区別している。頭の回転が早く、気転がきき、立ちまわりが上手で、損をしない人を「利口」だ、とは言うが、「かしこい」というには留保がある。「かしこい」人は、見た目には鈍で、時には自分に不利なことも承知で（もちろんそれと知らずに不利を招いてしまう人は、「かしこく」ない）引き受ける。自分の置かれた状況に対する曇りのない理解力と、それに対する的確な対処、という点では、両者は共通しているが、「利口」さがどちらかと言えば「自己保存」の軸にそって判断の正否を下すのに対し「かしこさ」とは、この「自己」を超える能力、自己を状況の中で相対化し、他者の方に拡大していける能力をさすようだ。

一言で言えば、それは、ものごとに対する理解力、別言すれば他人に対する想像力のことだと言える。自分じしんを自分とはちがうものに向けて拡大する能力、自分とは異質なものを許容する力のことだと言える。

たとえば、あるものを「好き」か「嫌い」かレッテルを貼って片づけてしまうのはかんたんだけれども、「嫌い」なものを前にして、自分がなぜそれを「嫌い」なのかを考え、ついには「嫌い」なものを理解してしまう、というのは「ばかみたい」だけれども、やっぱり「かしこい」。たとえば娘が黒人と結婚すると聞いて仰天して反対した白人の母親は、自分がなぜ黒人が「嫌い」なのか、を考えはじめて、ついには根拠のない優越感に頼って不安な自己保存をしている自分の中の人種主義に気づいてしまうだろうし、ファシストが「嫌い」な「進歩的文化人」は、なぜふつうの人がファシズムになだれこんでいくかを考えつめたら、ファシズムが人間の弱さのどの部分につけこんでいるかを理解して、ついにはその処方箋まで考えることができるだろう。社会科学というのは、ほんらい「嫌い」なことや「わからない」ことを考えつめて、理解してしまうという因業な「知（サイエンス）」の営みなんだけど、それを「女嫌い」の人や「権力」好きの人が、自分の無知に気づかずにやっているとしたら、これはほんとに「ばかみたい」。

その意味で結論から先に言えば、「女はかしこくない」。偏見を覚悟で、かしこさの性差を言えば、女はやっぱりかしこくないのである。ここでは、どういう事態が「賢くない」かを説明することで、かしこさとは何かを、裏側からあぶり出してみよう。

女性には、男性と比べて一般に、他者に対する理解力が乏しい。一種の幼児的な自己中心性が強いのである。もちろん、男の中にもオレがオレがのワンマンがいて、他人が目に入らないこういう暴君のハタ迷惑ぶりは困りものだけれども、女の幼児的な自己中心性にも、たくさんの人々が悩まされてきたはずである。このハタ迷惑は、周囲だけでなく、自分自身にも及ぶ。

たとえば、一姫二トラ三ダンプと呼ばれる女性ドライバーを考えてみよう。一時停止をしない、バックミラーを見ない、自分が行きたいと思ったところへはどこでも強引に割りこむ、交叉点の中で平気で車線変更をする——一体どんな奴が運転しているんだと思って見たら、なんだやっぱり女だったか……という経験は多くの方がお持ちだろう。「やっぱり女」というこの定式には、もちろんいくつかの留保をつけ加えなくてはならない。第一にそんな目茶苦茶な運転をするのは女に決まっている、という予断があれば、仮にそれが男だったら「認知的不協和」のために記憶から排除されるだろうし、女だったら印象は強化される。第二に、女性のドライバーはまだ少数派だから、目立ちやすい。第三に、女性ドライバーの平均的な運転歴と男性ドライバーの平均的な運転歴を比べると、まだまだ女性の方が経験が浅い。そのうえ女性の多くは、ペーパードライバーである。平均的な男性ドライバーと、平均的な女性ドライバーを比較して、女の方がヘタだと結論するのは、不公平というものである。

これだけの留保を割り引いて、最後に、運転歴の同じ男性ドライバーと女性ドライバーを比べて見るとどうだろう。信頼できるデータがないので何とも言えないが、どうやらやはり女の方がヘタだという結論が出そうな気がする。それはたぶん、女に状況感覚が乏しいせいだろう。走行中は自分と同じように他のドライバーも車を走らせている。そこでどう出るかは、他のドライバーの動きを測りながら判断していかなければならない。他人も自分と同じような意思と能力を持った主体で、その主体相互の間で状況が決まっていく、という視点の複眼性を、女性は持ちにくいようだ。航空パイロットの用語に、インサイド・アウトとアウトサイド・インというのがあるそうだが、インサイド・アウトは、自分の方針を周囲に適用していくこと、アウトサイド・インは周囲の状況に応じて自分の動きを調整していくことを言う。その意味で、女性はアウトサイド・インが苦手だと言えよう。

もちろんインサイド・アウトの運転は、事故を誘発する。ここ数年来、女性の間でミニバイクが急速な勢いで普及するにつれ、ミニバイクの事故も急増している。女性のミニバイク事故の特徴は、危険な事態になるととっさの判断や事故回避の行動がとれず、そのまま判断停止の状態で事故に突入していくことだと言う。そうなると「かしこさ」の有無はほとんど命の危険にまで関与してくることになる。

4　女はかしこく育たない

「女はかしこくない」と女の私が結論しなければならないのは哀しいが、もちろんそれにはそれ相応の理由がある。第一は、女性の社会化プロセス自体が、女をかしこくするようにはできていない、という問題がある。第二に、女性の置かれた社会的状況の中では、女はかしこくなりたくてもなれない、という問題がある。

社会化プロセスの問題点とは何か。

他人に従うようにと、周囲に合わせるようにとしつけられる女性の社会化が、女性に自己中心的なインサイド・アウトの行動様式しか与えないというのは、矛盾に聞こえる。女性はしかも、他人の苦しみや痛みを理解する共感力を持つよう促される。事実、母親の子どもに対する共感能力は、大へんなものだ。わずかな不快のメッセージをも読みとって、子どもとコミュニケートする母親の能力は、多くの男性には驚異だろう。

だが、この共感能力は、他者を自分に、もしくは自分を他者に、同質化する力であって、異質な他者を認めて、自分を他者へと異質化する力ではない。だから女性は、自分より優位にある他者に自己を滅して同質化する（夫に随き従う）ことや、自分より無力な存在を抱きとめて同質化する（子どもの痛みをわがことのように苦しむ）ことは得意だが、自分と同等で、ちがった意思と能力を持った他者と、折り合いをつけながら状況を作っていく、という能力を持たない。なぜなら、自分自身がそういう意思と能力を持った一人の主体としてとり扱われた経験が、女性にはめったにないからだ。

他者と世界を発見して、自己を形成していく発達のプロセスを、ピアジェは「脱中心化」と名づけたが、脱中心化とは、たんなる同質化とはちがう。べつな中心に出会って自己の主体が「脱中心化」

したとき、もとの中心はなくなるのではなくそのまま複中心化して保存されるからだ（図1）。

自分が主体的な個人としてとり扱われた経験がなければ、他者を同じように主体的な個人として遇することもむずかしい。たとえ、母親から盲目に近い絶対的な愛情を受けた（「たとえ人殺しでも我が子は我が子」）としても、それは母親から個人として理解されるということとはちがう。この母親の愛情は子どもを成熟させる方向には働かない。自分じしんが意思と責任ある主体として扱われたことがないために、他者を同様で同等な個人として扱うことができない、という女性のこの社会化上の欠陥は、子どもの発達のプロセスに、阻害要因となるだろう。

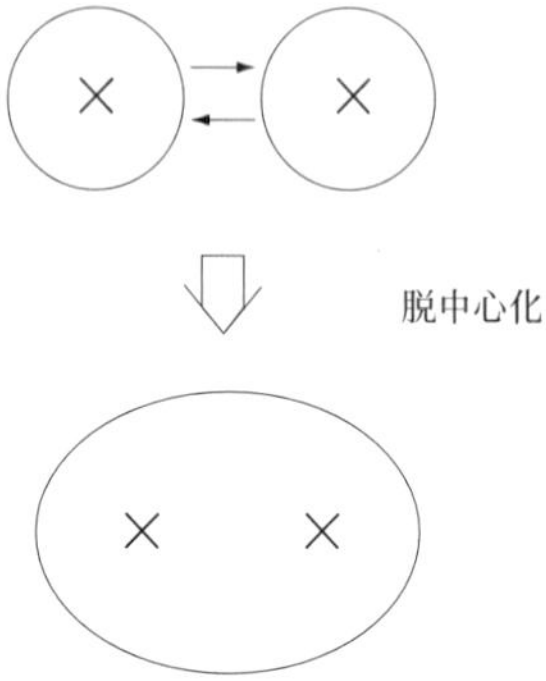

図1

第二に、社会的に成人してから後も、女性は他者と対等な行為者として、状況を主体的に作り上げていく社会的な訓練の機会に恵まれない。女性の就職を「結婚までの腰掛け」としか考えていない多くの企業は、女性を、意思と責任ある一人前の職業人としてとり扱おうとはしないし、そのための訓練に対する努力も支払わない。

結婚した女性の置かれる社会的状況は、これまた全く女性の成熟を阻むものだ。昔なら家族の中に、姑という他者が厳然と君臨していたが、夫と子ども二人という核家族の中では、女にとって「他人」

はいない。家庭に憩いを求めて帰ってくる夫は、妻の言うことをまともにとり合わないか、もしくは、家庭の中では「もう一人の大きな子ども」と化して、妻の支配に従うことになる。年齢のいかない子どもたちは、まだ十分に自己主張できるほどの自我もなくて、母親の庇護下に入ったままである。家庭は、まことにささやかで閉塞的な、女性のワンマン王国と化す。この他人のいない環境の中で、押したり引いたりしながら、他人と自分の手応えを作っていくという社会的な経験を積むのはむずかしい。こういう生活を一〇年か二〇年つづけた「主婦」という名の女性たちに、どのくらいアウトサイド・インの行動ができなくなっているかは、想像に難くない。

5　女のけんかはうさぎのケンカである

女性の自己中心性と他人に対する想像力の欠如は、交通事故と同じく、人間関係の上でも事故を惹きおこす。女の浅知恵と同じように言われるのは、女同士のけんかの浅ましさだ。それは一言で言えば、女性の事故処理能力の欠如から来ている。

他者との関係の中には、照る日曇る日がある。むしろ、他者とはもともと自分とは意思も感情も異質な存在である以上、葛藤を認識し、受容し、処理していくのが、他者との関係の重要な要素となる。葛藤を避けるような関係は、むしろ「関係ない」と言う方が当たっている。連れ立って歩きながら別別の曲をウォークマンで聞き、喫茶店の同じ座席でおもむろにべつべつのマンガ本を読み始める現代の学生の「友人」関係は、そのようなものだ。波長が合う間は一緒にいるが、意見が対立すれば、言い争ったり説得したりというダサイことはせずに、黙って相手を避ける。つまりこれは、無関係という関係なのである。しかし、避けられない人間関係がある以上、葛藤を処理する能力は、人間関係を作り上げる上で重要な能力となる。だがこの点でも、女性はそのための社会的訓練を受けていない。

第一に、女性は、敵意や憎しみという感情を、自分の中で処理するのに慣れていない。『母と娘の関係』(俵萠子他訳、一九八〇年、講談社)という本の中で、女性の自己意識の形成史を点検してベストセラーになったナンシー・フライデーは、女性は敵意を持つべきではないと教えられているために、敵意の感情を感じた時に、それを抑圧してしまう、と書いている。しかし、抑圧したからと言ってその感情は消え失せたわけではない。

第二に、否定的な感情に、適切な表現の仕方を与えてやることは、その感情を処理し吐け口を与えることになるのに、女性には、社会的に受容された敵意の表現方法がない。もともとあってはならない感情に、表現の仕方など、探す理由もないわけである。表現を持てない感情は、アモルフな形で暴発する。怒った時や当惑した時に、女性が立ちすくんでワッと泣き出すしか能がない、というのは、その結果である。

第三に、敵意と葛藤の社会的な処理の仕方を習得する社会的な訓練の機会がこれまた女性にはない。どんな社会にも、敵意と葛藤の存在しないところはないから、必ずそれを処理する社会的な方法が備わっている。しかもそれが、社会と当事者にとって致命傷にならないですむような、ルールやマナーがある。けんか道というのが、それだ。たとえば、手傷を負った敵はそれ以上深追いしない、白旗を掲げたら降参と見なす、相手を攻撃する時は逃げ道を作っておいてやる……といったようなマナーがそれだ。けんかにルールもマナーもあるものか、というのは間違いで、そうしたルールがあるからこそ、社会は葛藤を紳士的に処理することができる。そしてそれだからこそ、葛藤に、恐れず立ち向かえることになる。

動物の社会では、力強い攻撃力を持った種ほど、葛藤のマナーを発達させている。たとえばオオカミは、相手に致命傷を与える強力な牙を持っているからこそ、致命傷に至る前に葛藤を処理し解決する、儀礼的な行動の仕方を発達させている。

その点で、女のケンカは、うさぎやめんどりのケンカに似ている。うさぎもめんどりも、臆病な弱い生き物である。しかしこういう動物種がいったん葛藤を始めると、当事者の片方が死に至り、勝ち残った方も致命傷を帯びるという凄絶な闘いが始まるのだ。こういうケンカが、「大人気ない」「みっともない」「あさましい」と形容されるのは無理もない。この点から見ても、女はまったく「かしこくない」生きもののようだ。

男たちは、少年時代から葛藤に立ち向かうことを通じて、自分と他人の力量を知り、自他の距離を測って自分の位置を決めていくという訓練を受ける。女性は、葛藤を抑圧し、回避してきたために葛藤の表現と処理の方法を学ぶ機会を持つことができない。ということは、他人と同等の力量を持った主体として、対峙しあう経験がない、ということと等しい。同じことを逆から言えば、他人からも、自分と同等の力量を持ち、異質な意思と感情を持った主体として取り扱われた経験がない、ということだ。女性は、無力な存在として、社会的強者である親や夫や上司に対する。闘わずして最初から勝敗の決まった関係の中で弱者が強者に示す敵意は、「うらむ」か「すねる」ことだけである。

6　かしこい人は孤独である

「かしこさ」を他人に対する想像力、と定義して、いささか我田引水に論を進めてきたが、ここで言う「かしこさ」は、成熟と深い関係がある。逆に成熟を、「異質なものに対する許容度」と定義することができると私は考えている。

見てきたように、成熟の課題は社会化過程のちがいによって大きな影響を受ける。そして残念ながら、現在の社会の中での女性の社会化は、女性を成熟させるようには仕向けていない。成熟のプロセスの性差は、女に不利にできている。それはあたかも、女にあまり成熟されると男が困る、かのようだ。

人類学者のメアリ・ダグラスは、社会は自分がサバイバルするために、異質な要素を排除するしくみを持っていると言う。魔女狩りや贖罪山羊、果てはナチのユダヤ人狩りや、日本の学級のいじめは、それで説明がつくのだけれども、犠牲者を生み出さずにはおかない社会システムに対して、倫理的に成熟した社会とは、多様なオプション（選択肢）のある社会だ、と彼女は言う。人生にオプションがあれば、自分が現在専業主婦をやっていても、それは選択の結果、と受け容れることができるし、他人のちがう生き方も、認めることができる。女に「かしこく」なられては男が困る、というのはもしかしたら、当の男以外に、もっと人生のオプションがたくさんあったんじゃないか、と女たちが考えはじめると、キョーフだからじゃないだろうか。

しかし成熟の課題は、男にも女にも、同じように与えられている。男の方が成熟を励まされるとはいえ、男たちが成熟しているとは限らない。男たちの排他的な集団性、大人気《おとなげ》ない権威主義、あさましい権力志向、等を見ていると、男たちもやっぱり「かしこくない」と結論せざるをえなくなってしまう。

とりわけ、日本的な土壌の中では、自分とは異質なものをどれだけ許容し、理解できるか、という成熟の課題が、これからの私たちの社会にはますます重要になってくるだろう。それは、私たちの社会が国際社会の中で「かしこい」進路をとるためには、不可欠のことだからだ。

最後に、かしこい人と、かしこくない人とがケンカをするとどうなるか?――かしこい人は負けるのである。つまり、他人に想像力のある人と、他人に想像力のない人とがケンカをすれば、相手の立場を思いやって、それもわかる、と言っている方は、つい退いてしまう。これに反して相手を理解しない方は、なりふりかまわず情容赦のない攻撃を仕かけてくる。もちろんこんなファナチックな攻撃には誰も抗し切れないから、ファシズムの歴史は、リベラル派の分別のある知恵が一貫して敗北する歴史だったのである。

こんなペシミスティックな予想を書いては、せっかくかしこくなろうと思っている人たちに申しわけがない。かしこい人がケンカに勝つには、かしこくない相手に同じぐらいかしこくなってもらうのを辛抱づよく待つか、もしくは、力で負けて理で勝つ――ちょうど負けたギリシャがローマを支配したように――ことである。いずれにせよ、「かしこさ」とは、他人を理解しても他人からは理解されない、孤独なもののようである。

15 女性にとっての性の解放

1 「性革命」の一〇年後

社会の変動期にはつねに「性の革命」が問題になる。六〇年代末から七〇年代初めにかけて、世界的にまき起こった対抗文化（カウンターカルチャー）運動は、一つの時代の終わりと新しい時代の開始を告げていた。学生反乱に領導され、ウーマン・リブに引き継がれたこの運動は、「女・子どもの革命」だった。それは近代の「人間」という観念から疎外された女と子どもが、自己解放を求める、性と世代を軸にした反乱だった。

「女・子どもの反乱」が、性的な抑圧をその最初の攻撃目標にすることには、興味深い符合があるように思われる。性的な規範は、身体と文化の結節点にあって、社会的な制度の基底をなしているからである。

一九六八年五月、パリの学生は、バリケードの落書きに「オーガズム、それはボクにとって革命と同じくらい重要なのだ」と書いた。一九七〇年、初めて産ぶ声を上げた日本のリブたちは「抱かれる女から抱く女へ」という標語で、常識にショックを与えた。それは「女・子ども」には性的な「人権」が与えられていないことをその深部において暴くことで、近代社会の抑圧の構造を赤裸々に示した。キンゼイ研究所二代目所長のポール・ゲブハート氏は、現代社会で今なお性的な「人権」が認められていない五種類の人々――女性、子ども、老人、障害者そしてゲイカップル――がいると論じたが、それは〈性〉という位相から、健常者の成人男子だけが、「市民」でありうる近代社会のかくされた差別の仕組みを、あらわにして見せた。

この「女・子ども」の異議申し立ては、性と世代を軸に編成された「家族」という制度の告発と解体に向かうことを通して、ありとあらゆる性と家族の実験へと、七〇年代を導いたのである。

それから一五年後、一九八四年四月九日号の『タイム』誌は、「八〇年代のセックス――性革命は終わった」という特集を組んでいる。識者の意見は、(1)ジャーナリズムが騒ぎ立てただけで、もともと七〇年代のアメリカには「性革命」などというものは存在しなかった、(2)「性革命」は存在したが、すでに終わってしまった、現在揺り戻しが起きつつある、(3)いや「性革命」を経て、アメリカ社会はあと戻りのきかない変化を経験している、の三つに分かれる。事実認識に関してさえ、これだけ意見が食い違うのだから、倫理的・社会的な評価については、論者の意見は、進歩派から保守派に至るまで、立場によって著しく態度を異にしている。

アメリカの「性革命」については、すでにいくつかの報告書が日本語で書かれている。ノンフィクション・ライターの立花隆氏の『アメリカ性革命報告』(文芸春秋社、一九七九年)、同じく上前淳一郎氏による『世界の性革命紀行』(講談社、一九八〇年)のほか、カリフォルニア大学に長く在職した人類学者、我妻洋氏による『性の実験』(文藝春秋、一九八〇年)、その続篇である『家族の崩壊』(文藝春秋、一九八五年)が刊行されている。「アメリカ性革命報告」についてのこれらのすぐれたレポートに、今さら屋上屋を重ねるつもりは私にはないが、これらの書物には、それぞれの著者の立場によるバイアスが感じられる。

立花氏の突撃型ルポルタージュは、現場の迫力に富んでいるが、「性革命」を主に商業化された風俗の面でとらえすぎているきらいがあるし、上前氏のレポートは、せっかくの素材にもかかわらず、氏の伝統的倫理感が〈性〉という対象の扱い方を限定しており、道徳的な評価を離れてこのテーマを扱うことがいかに難しいかを逆によく証明している。アメリカ生活の長い我妻氏は、「性革命」以後のアメリカ社会の変貌をつぶさに見て、豊富なデータにもとづく信頼できるレポートを書いているが、主として「家族」がテーマの焦点になっていて、「女性」視点は弱い。

ここでの私の課題は、フェミニスト視点から「性革命」以後の一〇年を評価し、女性にとって「性の解放」とは何か、を再検討することにあるだろう。

2　フェミニズムと「解放された女」

藤枝澪子氏は『朝日ジャーナル』連載の〈女の戦後史〉「ウーマンリブ」（一九八五年二月二二日号）（朝日ジャーナル編『女の戦後史』Ⅲ、朝日新聞社、一九八五年、所収）で、女性解放運動《フェミニズム》の歴史を二つに分けて「明治、大正、昭和初期の女権運動、婦人運動」を「Ⅰ期女性解放運動《フェミニズム》」、六〇年代末から「工業化諸国でほぼいっせいにリブ」としてスタートした運動を「Ⅱ期女性解放運動《フェミニズム》」と呼んでいる。

Ⅰ期女性解放運動が、第一次世界大戦後の政治＝文化的ラディカリズムと結びついて「自由恋愛」を標榜し、当時の性的な規範に挑戦したことはよく知られている。『青鞜』の平塚らいてうは自ら奥村博史との「自由恋愛」の実践者だったし、のちにらいてうに代わって『青鞜』の編集を引き継いだ伊藤野枝は、アナキスト大杉栄の実践する「同時複数恋愛」に巻きこまれて、神近市子の「日蔭茶屋事件」をひき起こした当事者の一人である。

Ⅱ期女性解放運動も、その当初から、性と身体の問題を、射程に組みこんでいた。ケイト・ミレットの『性の政治学』（ドメス出版、一九八五年）に言うように、〈性〉こそが男と女の間の権力的なポリティックスを、その根底的な相で覆いようもなくあらわにするものだとすれば〈性〉を問題にしないようなどんな女性解放運動も、ニセモノと言える。女性の問題をその出発点からその〈性〉の問題として立てた点で、七〇年代のリブは、それ以前のどの女性運動とも違っていた。

戦後大きな力を持った母親運動や主婦連の運動は、「妻＝母」としての女性の役割から出発し、婚姻制度の中における性という「公序良俗」に疑いをさしはさまなかった。その限りで旧来の女性運動は、大規模な大衆動員を可能にしながら、逆に男性社会にとっては無害で許容しうる存在だったのである。女性運動がⅡ期女性解放運動として新しい展開を示すには、七〇年代のラディカル・リブが与えた思想的インパクトまで待たなければならなかった。

フェミニズムが「性の解放」と連動して現われるように、逆にフェミニズムは世論から、「公序良俗」を乱すものとして非難され、矮小化され、揶揄される。

Ⅰ期女性解放運動の中で、『青鞜』同人の尾竹紅吉による「吉原登楼事件」が起きる。当時の新聞は、男のする「性的乱行」を、断髪の「解放された女」たちが模倣して吉原に登楼し「五色の酒」を飲んだ、と猟奇的に報道し、女性解放運動が世間のひんしゅくを買うのをあおった。

Ⅱ期女性解放運動も、リブがジャーナリズムによって「中ピ連（中絶禁止法に反対しピル解禁を要求する女性解放連合）」に代表されたために、世論に、リブはピルと堕胎を自由化することによってフリーセックスを謳歌したい女たちの集まりだという誤ったイメージを植えつけた。事実、学生反乱のバリケードの内側では、性的に自由な女子学生が、誰とでも寝る便利な「公衆便所」と男子活動家の間で呼ばれていたことは、公然の秘密だったし、一部の女性たちは、自分の性的な「解放度」を証明するために、気のすすまないセックスをも受け容れなければならない、という悲喜劇も起きていた。

性経験が多ければ多いほど、男には勲章、女にはスティグマになるという「性的二重基準《セクシュアルダブルスタンダード》」道徳のもとでは、性的な主体性を求める女性たちの行動は、一方で非難とひんしゅく、他方で無責任な揶揄と見当ちがいの同情を買う結果になった。フェミニズムの掲げる女性の性的な自己解放を、マスコミが風俗的な乱行へと歪曲するしかたも、Ⅰ期とⅡ期の女性解放運動はともに同じくしている。

3 「性革命」とフェミニズム

六〇年代末に始まった対抗文化運動（カウンターカルチャー・ムーヴメント）によって提起された「性革命」は、さまざまな内容を持っている。女性解放運動は、この対抗文化運動の一翼に連なったが「性革命」そのものは、フェミニズムだけによってもたらされたわけではない。「性革命」には、フェミニズムのインパクトによってもたらされたものもあれば、逆に「性革命」によってフェミニズムにもたらされたものもある。「性革命」の内容には、女性にとって抑圧的なものも解放的なものもあり、フェミニズムの視点から「性革命」をどう評価するかは、「性革命」を記述することとは、べつな課題である。

「性革命」の攻撃目標は、現代社会の抑圧的な性規範（と考えられるもの）――一夫一婦婚的な近代家族制度とそれを支える恋愛結婚（ロマンチックラヴ）イデオロギー――とに向けられた。もう少し詳しく言えば、(1)一夫一婦婚（モノガミイ）に対して同時複数性愛（ポリガミイ）を、(2)異性愛（ヘテロセクシュアル）に対して同性愛（ホモセクシュアル）を、(3)法律婚に対して事実婚（同棲）を、(4)婚外子に対して婚外子の市民権を、(5)「能動的な性」と「受動的な性」から成る性分業的な男女関係の神話に対して、「ベッドの中の平等」と女性の性的主体性を主張した。

近代家族制度を支えるロマンチックラヴ・イデオロギーは、恋愛＝性＝結婚の三位一体をとなえたが、性革命はこの三位一体をも否定した。さらに結婚に潜在的にひきつづいていた妊娠・出産をも、この三位一体から解き放った。避妊法の普及や生命工学の発達などテクノロジーの発展とあいまって、生殖は、性、恋愛、結婚のいずれとも、切り離し可能なものになったのである。言いかえれば、性は、生殖からも結婚からも、さらには愛からも自由になった。「性の自由」とは、しばしば行きずりの男女の間で交わされる愛をともなわないセックスのことと偏った理解をされ、フリーセックスとは、「乱交」と同義に解釈された。

さて、「性革命」のフェミニズムに対する含意は何だろうか。そしてフェミニズムが「性革命」に与えたインパクトとは、何だっただろうか。

フェミニズムは一夫一婦制の抑圧性を、繰り返し批判してきた。六〇年代末から七〇年代初めにかけてのヒッピー・コンミューンや、フェミニスト・コレクティヴは、排他的な男女関係、排他的な親子関係にもとづいた近代家族を否定して、共同体的な拡大家族の理想を実験したが、この試みは、個別的な男女・親子の絆を否定するに急なあまり、行きすぎの悲喜劇を生んだ。多くの共同体は、嫉妬心をうまく処理できなかったり、子育てについての考え方の違いから、自壊の道をたどる。

ジョンとニーナのオニール夫妻による『オープン・マリッジ』（一九七二年）が著わされたのも、こうした時代背景のもとである。彼らは、人間の自然的性向は複婚的であるとして、これを抑圧する一夫一婦制を批判した。しかし彼らは、モノガミイを解体せずに、ポリガマスな性向との両立を図ろうとした。彼らが提言したのは、婚外性関係を容認しあう開放的結婚（オープン・マリッジ）である。「性革命」の一〇年後、ニーナ・オニールは、「オープン・マリッジは失敗したか？」という意地の悪いインタビューに答えて、自分たちも含めて、多くのカップルがオープン・マリッジを実践したおかげでよりよい人生を送れるようになったと確信している、と言う。もちろんうまくいったオープン・マリッジの陰には、失敗したオープン・マリッジの試みがあったことだろう。この方法は自立心の強い男女のカップル以外には、安易にすすめられる方法でもない。

モノガミイに対する不満は、対抗文化からやがてもっと保守的な中産階級の層にまで、性風俗として広まっていく。スウィンギングやスワッピングといった夫婦交換が組織され、そのための情報交換のメディアも登場するようになる。ゲイ・タリーズの『汝の隣人の妻』（二見書房、山根和郎訳、一九八〇年）は、白人中産階級のスワッパーの生態を体当たりで描いて衝撃を呼んだが、そこに描かれているのは「解放された性」の理念に、生理＝心理的に追いつけない人間の滑稽さである。

モノガミイの抑圧を解決するためにアメリカ人がたどり着いた結論は、ポリガミイではなく、継時的一夫一婦婚（シリアル・モノガミイ）というものだった。これは、離婚、再婚、再々婚を繰り返すことによって、そのつどは一夫一婦婚だが、生涯にわたって時間差のあるポリガミイを経験する、というものである。

アメリカ人の離婚率は、一九六〇年の人口千対二・二件から一九八〇年には五・三件にはね上がっている。日本の離婚率が一九八一年で未だに一・三二であることを考えると、これは驚異的な数字である。婚姻件数との比でいくと、今や、結婚したカップルのうち二組に一組は離婚する時代である。しかしアメリカ人にとって離婚は、この結婚、の失敗を意味しても、結婚一般への失望を意味しない。また日本と違って離婚は相対的に社会的スティグマにならない。彼らは高い率で再婚、再々婚を繰り返す「愛の巡礼者」であり、ロマンチックラヴ・イデオロギーの殉教者である。

日本人がこのシリアル・モノガミイというアメリカ型解決をとるとは思えない。大方の保守派の心配に反して、日本人の離婚率はアメリカ並みに上昇することはないだろう。この国の夫婦がモノガミイに対してとった解決策は、婚姻の制度的な安定性を確保した上で、妻も夫なみに浮気をする、という「解放」である。主婦の投稿誌『わいふ』編集部による結婚生活の中の性の調査『性――妻たちのメッセージ』（径書房、一九八四年）によれば、既婚女性の六人に一人は婚外性関係を持った経験があり、その多くがその間夫との関係も継続している。「モノガミイからの解放」は、結婚の安定性の保証を代償にしてしか得られない。シリアル・モノガミイは、リスクと犠牲の多い方法であり、多くの人々は、「モノガミイからの解放」と「モノガミイへの回帰」の間をゆれ動いている。

4　ゲイとレズビアン

フェミニズムが「性革命」にもたらしたインパクトの一つにレズビアニズムがある。レズビアンは、フェミニズムの中では、もっとも政治的な急進派を形成しており、男性との間に不可避に生ずる権力関係を嫌って、男を除外した女だけのコミュニティを作ろうとした。この人々をレズビアン分離派《セパレーティスト》と言う。カリフォルニア・バークレーにあるレズビアン・コミュニティには、女だけのクリニック、女だけの法律事務所、はては女だけの銀行まであり、たいがいの用は男と接触せずに足りてしまう。

生殖に奉仕する異性愛だけが許容されたキリスト教文化の中では、ホモセクシュアルは、強い道徳的な非難を浴びる。アメリカ精神医学会がつい最近、ホモセクシュアルをリストからはずすまでは、これは「精神異常」に分類され、治療と矯正の対象とされていた。ゲイの人々は、雇用差別やいわれなき偏見と闘ってこなければならなかった。

レズビアンであることは、ゲイと同様、モラル・マジョリティの迫害と闘うことを意味したが、同時に、たんなる性的嗜好（セクシュアル・プリファレンス）に還元されない、政治的な意味を持っていた。Ⅱ期女性解放運動の中で出てきた第一世代のレズビアンたちは、もとへテロで、ベッドの中にまで忍びこむ異性愛のポリティックスに傷ついて、より対等でのびやかな関係を求めて、レズビアンに「転向」した人たちだった。彼らの多くは結婚の経験があり、なかには子どもを持っている女性もいた。彼女たちは、自分の中に自然な性向として同性愛の指向をあとになって発見したわけだが、放っておけば異性愛へと回路づけられて生涯潜在したままだったかもしれない彼女たちの同性愛傾向を、容認し支持したのは、フェミニズムの運動だった。

フェミニストの間では、男への敵意を表現するのに急なあまり、フェミニストであることはレズビアンであることと同義であり、「ストレート（異性愛的）」でありながらなおかつフェミニストであることは不可能だ、という極論が、運動の内・外でまかり通ったことがある。もちろんモラル・マジョリティの側からは、レズビアニズムは依然スティグマだったから、フェミニスト＝レズビアン、というこの等式は、フェミニズムを貶め揶揄するために利用された。日本でリブがゆがんだイメージで報道されたために、多くの良心的なフェミニストが心ならずも「私はリブではありません」と言いわけしなければならなかったように、アメリカでも、多くの女性が、誤解を避けるために自分をフェミニストと名のることをためらわなければならなかった。マスメディアが女性解放運動を、悪質な性的プロパガンダによって貶めるやり方は、洋の東西を問わない。

このレズビアン・コレクティヴに、やがて第二世代のレズビアンたちが参入していく。彼らは性的成熟に達する前にフェミニズムが存在したおかげで、自分の自然な性的指向を異性愛へと回路づけられる以前に同性愛的な性向に目覚め、それを肯定してもいいのだとフェミニズムから力づけられた若い女性たちである。

ゲイカップルも、ゲイ解放運動のおかげで同じ道を歩んでいる。異性愛への敵意や反発からゲイまたはレズビアンとして自己形成した人々を、「対抗ゲイ（レズビアン）」と呼ぶとすれば、いわば「自然派ゲイ（レズビアン）」とも言うべき第二世代が育ちつつある。これは、ゲイ性風俗の上でも興味深い変化を生んでいる。対抗ゲイ（レズビアン）の人々は、私生活の上でも風俗的にも「男役」と「女役」とに分かれたが、自然派ゲイ（レズビアン）は、行動の雌雄分化をしない。ゲイのカップルが二人とも雲つくようなヒゲ面の大男だったり、レズビアンのカップルが姉妹のように似ていたりする。「女らしい男」や「男らしい女」というより、総じて彼らは中性的な感じを与える。私の友人の「自然派レズビアン」の一人は、この事情をこううまく説明してくれた。——レズビアニズムの初期には、性愛のモデルが異性愛しかなかったために、彼女たちは「男役」と「女役」に分かれなければならなかったが、ホモセクシャルが市民権を得て性愛に多様な形があるとわかった今日においては、レズビアンはもう異性愛にモデルをとる必要がないのだ、と。

対抗ゲイと対抗レズビアンは、相互に敵意とルサンチマンを持っているから共同しないが、自然派ゲイと自然派レズビアンは、ゲイ解放運動のために共闘しあう。彼らは、同性愛か異性愛かは個人の性的指向にすぎず、国家や社会が介入すべき問題ではないとして、差別と抑圧に反対する。

だが前述したように、ゲイとレズビアンは、たんに個人の性的指向の自由に還元されないほど、多くの違いを持っている。この点は、表面的な性解放からゲイとレズビアンの共通性を言う人には、見えにくい点である。

一九八三年にブルームスタインとシュワルツの二人の社会学者は、六千組のカップルの調査をもとに『アメリカン・カップルズ』を著わした。この本は、結婚した夫婦、同棲の男女、ゲイ、レズビアンの四種類の「カップルズ」をその「金・仕事・セックス」の面においてニュートラルに比較するという点で、同性愛が「異常」ではなくなった「性革命」以後のアメリカをいかにも感じさせる本だが、この調査によれば、同じ同性愛のカップルと言っても、ゲイとレズビアンの行動様式はおそろしく隔っている。

ゲイカップルはポリガマスなのに比べて、レズビアンのカップルはモノガミイの傾向が強く、特定の相手に忠実で長期間の安定した関係を結ぶ。自分以外の相手に対するパートナーの「性的魅力」や「収入」や「地位」についても、ゲイカップルは大へん気にするのに、レズビアンは頓着しない。ゲイであることは、乱婚的傾向を保持する権利とほぼ同義だし、エイズもまたそういう回路を経て伝染している。ベッドの外でのパートナーの社会的地位に敏感で、それをベッドの中にまで持ちこむ傾向を見ても、ゲイの人々は、男性的な価値観を、そのまま同性愛の中に引き継ぎ拡大しているといえる。レズビアンはそうではない。レズビアニズムを選ぶことは、現在の社会にある男性的なポリティックスに、はっきり背を向けるという「政治的な選択」を意味する。その意味で、まさしく性は政治なのである。

ゲイとレズビアンのもう一つの大きな違いは、ゲイは子どもを持たないが、レズビアンは子どもを持っていることである。第一世代のレズビアンの中には、すでに母親となってから、離婚して子どもを連れてレズビアン・コレクティヴに参加した人たちがいた。第二世代のレズビアンは、その人たちより若いが、現在出産年齢の上限を迎えつつある。レズビアンの女性たちは、母性（マザーフッド）を必ずしも否定しない。性と生殖とが切り離し可能なものなら、異性愛を迂廻しても、母親になる道は、体外受精や人工授精のようなバイオテクノロジーの発展によって開かれている。彼らは今、異性愛のポリティックスから独立した母性と育児の概念に、チャレンジしつつある。

5　性と身体への関心

フェミニズムの「性革命」への貢献のもう一つは、女性が自らのセクシュアリティと身体に対して、正直かつ率直になったことである。

アメリカでは一九四八年に有名な『キンゼイ報告』男性編が、それから一九五三年にその女性編が刊行されているが、この調査は男性の手になるもので、かつ内容も、回数や持続時間などの統計的に数量化可能なデータに偏っていた。七〇年代の女性解放運動以後、一九七六年に、はじめて女性の手になる克明で細部にわたった女性自身のセクシュアリティの報告『ハイト・リポート』（パシフィカ、一九七七年）が出る。

女性解放運動に勇気づけられた女性たちは、自分たちの身体と性欲について、もっと率直に、そして大胆に、語ってもいいのだと感じ、彼女たちの赤裸々な証言は、女性の性の神話を次々に打ち砕いた。たとえば七〇％の女性たちが、性交時にオーガズムを得られなくともパートナーに対して「オーガズムのふり」をすると答えており、その「演技」にパートナーは気づいていない、と考えている。また多くの女性は、ベッドの中でパートナーが自分勝手で思いやりがないと考えており、男がさっさと頂点に達したあと、取り残された女性は、オーガズムを得るために自慰をしなければならない、と訴えた。この女性たちの正直な告白は、「受け身の性」の神話を信じていた人々に、大きな衝撃を与えた。

クリトリス・オーガズムとヴァギナ・オーガズムの違いについての論争も、こうした背景から出てきている。フェミニストの女性は、女性も男性と同じくらい「能動的な性」であり、男性器官のペニスに相当するものが女性ではクリトリスであって、女性の性感の重要な部分は、ヴァギナではなくクリトリスに集中しているとする。ヴァギナ・オーガズムの神話は、男性器の快楽に女性器を奉仕させる男性優位の陰謀だとされる。事実、男性器の挿入によっては感じない冷感症の女性のほとんどが、クリトリスへの刺激によるマスターベーションでは確実にオーガズムを得ているのだから、クリトリス・オーガズム説も一理あると言える。

ヴァギナか、クリトリスか、という議論は、性感が生理学的に見てどこに分布しているか、という矮小な議論として以上に、フェミニストにとっては「ポリティックス」の問題であった。だからこそ、この議論は、大方のひんしゅくと嘲笑を買いながら、真剣に闘わされたのである。この議論を通してフェミニストが問題にしたのは、もっとも親密な私的な場所であるベッドにまで貫徹している男性優位の論理と、そこからの女性の主体性の回復だったのである。

セクシュアリティに対する関心は、当然、自分の性的な身体への関心へと女性たちを導いていく。女性たちは、避妊、中絶、性病などについての知識を伝え合い、相互に助け合うために「ウィメンズ・クリニック」や「ウィメンズ・ヘルスセンター」を各地に開設し、独自に運営していく。そこではタブー視され秘匿されていた女性性器が、相互にさわったり、見たりして、オープンに検診できるものへと変わっていく。女性性器は男性性器とちがって体外に露出していないから、自分の眼で見ることはむずかしいが、たとえばスペキュラムを使って子宮口の健康状態を常時チェックするような習慣が、抵抗なく女性たちの間に受けいれられていった。

私の友人の日本女性は、一九八一年にロスアンゼルスのウイメンズ・クリニックを訪れ、そこで働いている女性から突然スペキュラムをわたされて、自分の内性器の状態をチェックするように言われて面喰らっている。彼女がためらっているとそのアメリカ女性はやにわにスカートをまくり上げて自分の内性器を彼女に見せ「どうです、きれいなものでしょう?」と言ったそうである。

彼女たちはやがて、中絶や出産のケアも、自分たちの手で行なうようになっていく。当初それは、男性の手に独占された医療の世界で、女性の性的身体が、侮蔑的で同情のない扱いを受けることから女性たちを救済しようという意図を持っていたが、やがて、その批判の対象は、身体を断片へと細分化し、操作的な客体としてとり扱う近代医学総体へと向けられてゆく。とりわけ出産が「医療行為」として外科的に処理されることに対する、女性たちの疑問と不満へと、結実していく。女性たちは、ラマーズ法などの自然分娩を普及させ、自宅や産院での分娩に力を貸し合うようになっていった。

女性の〈性〉は、ベッドの中だけでは終わらない。妊娠・出産という長い時間的なプロセスが、女性のセクシュアリティには大きな部分を占める。もちろん、出産のあとには子育てという、新しい生命との長い交歓の過程が控えている。身体への関心が、子育てへ、そして子どもに与える食べ物や環境についての問題へと発展していくのは、当然の成り行きであろう。フェミニズムは「ベッドの中の解放」から出発して、「社会全体の解放」までを、射程に収めてきたのである。

6　フリーセックス——何からの自由?——

恋愛＝性＝結婚の三位一体を唱えるロマンチックラヴ・イデオロギーの解体についても一言しておこう。

確実な避妊法と避妊知識の普及のおかげで、性が生殖と切り離し可能なものとなったため、結婚と性とは連動しなくなった。日本にはまだ「婚前交渉」という言葉があるが、これはほんらい「結婚を前提にした性交渉」のことだから、未婚の男女の自由な性交渉を意味しない。だが、だんだん低年齢化するデートエージ、氾濫する性情報にさらされるティーンエージャーたちを考えると、彼らに結婚まではセックスを待て、と禁止することは不可能に近い。スウェーデンのような性教育先進国では、ティーンエージャーのセックスは、あって当たりまえ、を前提に、早い時期から正しい性知識と避妊情報とを与えた方がいい、という考えに立っている。これに対して日本では、ティーンエージのセックスは「あってはならないもの」とされているために、性教育の普及に、「寝た子を起こすな」とストップがかかる現状である。

性と結婚との分離は、結婚と生殖の分離を招いた。性の解放はティーンエージに多くの「未婚の母」をもたらした。フェミニストたちは、「未婚の母」の出産を助け、婚外子差別に反対したが、必ずしも妊娠させた当の男との結婚に解決を求めなかった。「未婚の母」たちの多くは、黒人下層階級の、自分たちの母もまた「未婚の母」という解体的な家族の中で育ってきた少女たちだったが、フェミニズムはこの少女たちに、結婚せずに母になることには何のモラル・サンクションもないのだと教えた。フェミニズムの運動の中で、白人中産階級の高学歴の女性たちの間にも、「未婚の母」は珍しくなくなっていった。離婚の増加につれて、離別したシングル・マザーが増えると、離婚したシングル・マザーか、結婚したことのないシングル・マザーかの区別は、大して重要でなくなっていったという要因も大きい。

最後に、性は愛からも分離された。性の解放が目標とする「自由な性（フリーセックス）」は、結婚という制度から自由な、生殖の軛から自由な、そして最後に愛情からも自由な「セックスのためのセックス」と理解される。もちろんこれは、男にとって「無料《ただ》の（フリー）」セックス、をも意味していた。この「フリーセックス」は、フェミニズムがめざしていた「性の解放」の果てにあるゴールだったのだろうか？

「フリーセックス」がもたらしたのは、結局「男の性の解放」にすぎなかった、という見方がある。

女は「私有財産の代わりに共有財産になった」だけで、「公衆便所」という侮辱的な表現が、男のホンネを表わしている。現に「ピルのんでる?」と挨拶代わりに聞かれる女の子は、自分の「性的解放度」を証明するために、相手に誘われたらノーと言えないプレッシャーがかかるという、笑えない話まである。

しかし「性の自由」は、男が女につけこみやすくしただけではなかった。男に有利な「性的二重基準」のあるところでは、たてまえの「ベッドの中の平等」は両義的にはたらく。性的ゲームの中で、女の方も自分から誘うことを覚えたし、「オープン・マリッジ」の実践者の間では、性的二重基準のおかげで、妻の方がいつでも夫より恋人の数に恵まれている、というデータもある。女性たちは、やがてすぐに「寝たい時に寝たい相手と寝る自由」は、「寝たくない時にはノーと言う自由」と、表裏一体に結びついていることに気づく。「フリーセックス」は、もしかしたら「男たちの陰謀」から始まったかもしれないが、女たちの性的主体性の獲得を、加速する結果に終わる。もちろんその過程では、不必要に早く処女を捨てたり、心にもなく気のすすまない相手と寝たり、という悲喜劇もあっただろうが、「性革命」の一〇年後、行きすぎた実験や茶番が終わってみたあとに、人々が気づいた真実は、「やりたい時にやりたい相手とやってどんなサンクションも受けず、やりたくない時にやりたくない相手とは、どんな強制も受けない」という、あたりまえの「自由」だった。

シングルズバー、スワッピング、乱交パーティを経験して来たアメリカ人が、八〇年代にたどり着いたのは、自発的なセリバシイ（禁欲）と、安定した一対一的な結びつきだった。解体の果てに発見したのが、元と同じものだったというのは、たんなる皮肉だろうか？　だが、この一〇年の「実験」を通して、人々は「強制された性規範」から「選択された性規範」へ、たしかに転換をとげ、性愛の内容は多様化したのである。

7　産む権利・産まない権利

I期女性解放運動が恋愛結婚イデオロギーと近代家族の確立に手を貸し、II期女性解放運動がその解体を招いた、というのは、何やら皮肉な感がしないでもない。しかし、フェミニズムは本当に、家族の解体と性の自由化をそのゴールに置いたのだろうか？　巷間理解されるように、女性解放運動家たちは、「結婚から、家庭から、子どもから」解放されたがっているのだろうか？　どれほど良質の男性の観察者にも、フェミニズム＝家族解体説というこの無理解もしくは誤解が横行しているように見えるし、それに対する男たちの反応は、フェミニズムへの敵意にあふれた、すこぶる感情的なものである。

「性革命」の過渡期に、現状のすべてを否認する極端な試みや学説があったことを勘定に入れても、「性の解放」についての男たちのイメージと女たちのイメージとの間には、わずかだが決定的なずれがつねに存在した。ゲイとレズビアンのちがいについて論じたように、女性たちは性が「解放」された後も、無制限で無差別なポリガミイの傾向には走らなかったし、生殖をギブアップもしなかった。

ロマンチックラヴ・イデオロギーでさえ、女たちは捨てた気配がない。

日本のⅠ期フェミニスト、平塚らいてうや高群逸枝は、ただ一人の男性との生涯にかけて完成させる恋愛＝結婚の理想を掲げた。今どきのフェミニストが、こんなロマンチックなファンタジーを信じているとは思えないが、いずれにせよシリアル・モノガミイの中で、そのつどは安定した持続的な一対一的関係を、性愛のパートナーとの間に求めていることは確かである。「離婚の自由」は、家族からの解放を必ずしも意味しない。「離婚の自由」は「失敗する自由」「やり直す権利」を意味している。それは「離婚の自由」を欠いた結婚より、はるかに解放的である。

女性にとって性愛とは、親密さを分かち合う、タイムスパンの長いコミニケーションの形態と考えられている。『ハイト・リポート』や日本の『モア・レポート』（集英社、一九八三年）の女性たちの不満や願望がそれを証言している。「性の解放」に、男たちは男性文化が培ってきたイメージを、女たちは自分たちのイメージを投影する。それはコインの表裏をなすはずなのに、微妙に食い違っている。

たとえば今アメリカのフェミニズムで争点の一つになっている「産む権利・産まない権利（リプロダクティヴ・ライト）」について考えてみよう。当初、この運動は、避妊の自由・中絶の合法化を要求する運動として、女の生殖からの解放を求めるものと考えられた。キリスト教会を中心とする宗教勢力と保守派は、結託して「生命を守る運動（プロライフ・ムーヴメント）」を組織し、「中絶は殺人だ」とフェミニストを激しく攻撃した。日本でも優生保護法改悪に反対して、女性たちは「産む・産まないは女の権利」という標語を掲げて闘ったが、性的な身体へのセルフコントロールを奪回しようとする女性の運動は、男たちの敵意と攻撃にさらされた。

しかし、やがて「性の自由化」で起きたと同じことが「生殖の自由化」についても起きる。はじめ「中絶の権利（アボーション・ライト）」として出発したはずの「産まない権利」は、「産む権利」をその裏面にともなった「生殖の権利（リプロダクティヴ・ライト）」一般へと拡張されていく。「セックスする自由」が「セックスしない自由」をともなっていなければ無意味なように「産まない自由」は「産む自由」に裏づけられていなければならない。「産まない自由」の追求を通じて、アメリカでも日本でも、女たちは現在の社会の「産めない不自由」を告発するに至ったのである。それは、出産・育児が女性の喜びでなく、桎梏にしかならないような社会の仕組みへの批判に向かっていった。

8　商品としての性

「性の解放」のあとを、商業化された性風俗が追いかける。従来の「性革命」報告は、この面に偏りすぎるきらいがあるが、というのも、それだけコマーシャリズムの中の性は可視性が高いからである。性風俗や性商品の氾濫の背後には、必ず性意識の地殻変動がある。ここでは商業的な性風俗についても若干触れておこう。

「性の解放」は、長い間「フリーセックス」と「ポルノの解禁」と同義だと思われてきた。性意識の解放と共に、メディアの中の視覚的な性表現はますます拡大し、刺激の度合いを強めてきた。『プレイボーイ』『ペントハウス』『ハスラー』などの男性向けマガジンのピンナップヌードは、露出度をエスカレートし、モデルはついに、たんに美しい容貌や姿体だけでなく、写真に撮って美しい女性性器の持ち主でなければならないとまで言われるようになる。

性表現の自由とフェミニズムは、アンビヴァレントな関係にある。『ハスラー』はその性表現の露骨さで良識派の眉をしかめさせながら、他方では他誌を抜いて急成長してきたメンズマガジンだが、その社主ラリー・フリントは、女性たちの攻撃に答えて「『ハスラー』はフェミニズムに貢献してきた」と強弁している。彼は女性性器が「醜く汚れたものから、公衆に見せるに値する美しいものであるという価値観の転換」に、貢献したと言うのである。

フリントの弁明は詭弁にすぎないが、同じことは「わいせつ」裁判に対するフェミニストのアンビヴァレンスについても起こる。ポルノは、刺激の強化を求めて、サド＝マゾヒスティックな暴力ポルノや果てはチャイルド・ポルノにまでエスカレートしているが「表現の自由」の名の下に、これらすべての性表現は性解放を促進するものとして支持されるべきなのか。フェミニストの「わいせつ」批判は、道学者風のPTAの「悪書追放運動」と、どこが違うのか？

フェミニスト視点から言えば、女性の性の身体を商品として対象化し、人権を剝奪するすべてのポルノは、女性に対して抑圧的である。そして女性に対して抑圧的な性表現は、「変態」である。だが、ポルノに反対する代わりに、「変態」でないような性欲はありえない、もしくはすべての性欲は「変態」ではありえないとして、「女にもポルノを！」という考え方をとることもできる。現に勃起したコックをあらわにした男性ヌードや、ティーンズ向けポルノ雑誌など、女性用ポルノも出まわっている。男性ストリッパーのショウやホスト・クラブの隆盛は、女だって金と機会さえあれば、男のセクシュアリティを商品として対象化する権力的な欲望を持っていることを証明している。

だが被抑圧者の解放として始まったフェミニズムは、「やられたらやり返せ」という戦略をとらない。フェミニストは「性表現の自由化」一般には反対しないが、そのうち、性表現が男性優位の権力的なポリティックスに貫かれているものを、拒否する。そしてその基準から見ると、現在のほぼすべてのポルノは、この「性の政治学」の汚染から自由でなく、それどころか、女性への男の憎悪と蔑視とを強化する方向で作られている、と言わざるをえない。フェミニストは女性抑圧的な「ポルノ」と、抑圧的でない「エロチカ」を区別する。女性たちはポルノを憎むが、エロチカを楽しむことができる。近い将来、女性たちが男性の視線の内面化から自由なエロチカを自分たちの手で作り始めたら、おそらく抑圧的でないエロチカがどういうものであるかのコンセプトに、私たちは到達することができるだろう。

性風俗の最前線では、ソープランド、ホテトル、マントル、愛人クラブ、ノーパン喫茶などの商品化された性が氾濫している。そのいずれの場合も、商品化されているのは女性の性であり、男性が買い手になっている、という一方性に変わりはない。市場の中の貨幣資源の分配に、男性優位のバイアスがある限り、女が売り手で男が買い手であるというこの性の市場の権力構造はなくならないことだろう。商品化された性風俗の隆盛は「性の解放」どころか、「解放された性」に、私たちがまだまだ遠いことを証明している。

9　「解放された性」とは何か?

「性の解放」は、ある種の男にとっては「ただでやれるセックス」を、サディストの男にとっては「自由にやれる凌辱的な性行為」を意味するだろう。だがフェミニストにとっては、「性の解放」は、男性優位の性規範から自由な「解放された性」を意味する。そして女たちにとって「解放された性」が男たちのそれと違う点は、それが一瞬の性愛の快楽の追求以上に、生殖につながる持続的な長いタイムスパンを持っていることだ。女たちの「性の自由」には、「産む自由」までが射程に収められている。

女たちは家族や生殖からの解放ではなく、抑圧的でない性愛、抑圧的でない生殖、抑圧的でない家族を求めている。女たちは「解放された性」を求めて「性の実験」をつづけるだろうし、逆に性を問題にしないような女性解放運動は、ニセモノでありつづけるだろう。

あとがき

本書は一九七九年から一九八五年までに書かれた私の女性についての論稿のうち、主要なものをほぼすべて収録したものである。読者は私のフェミニズムの原点を、この一冊で了解されることだろう。七〇年代後半の、日本女性学研究会とその仲間たちとの出会いをつうじて、私は「女性」について書くことを始め、手探りをしながらフェミニストとして思想形成をしていった。本書に収録した論稿のうち、一部は求めに応じて書かれ、一部は読者をあてにせずに、自分の欲求にしたがって書かれた。その中で私は、研究者としての自己認識とはまったく異質の、自己表現のための文体をかくとくしていった。それはいわば「怒る文体」「たずねる文体」「もとめる文体」である。私ははじめて、自分に何か語りたいことがあることに気づいた。

もちろん私の思索とそれがかくとくした文体は、まだ不十分なものである。それはまだ「つたえあう文体」「つくりあげる文体」にはなっていないことだろう。とはいえ、一種のやむにやまれぬ欲求に導かれて書きつがれてきたこの論稿が、私の孤立した営みではなく、状況と私の仲間たちとのフィードバックのいわば共同作業の結果として産出されたことを、心からうれしく思っている。

冒頭の第I部に恋愛と性についての文章を持ってきたのは、私の「三つ子の魂」を示すためである。私のフェミニズムは、「女嫌い」の男性社会に対して告発や攻撃を加えることではなく、むしろ関係に対する性懲りもないあきらめの悪さの表現であることを、読者は了解されるだろう。私はだから当初から「女について」ではなく「女と男の関係について」語るために書き始めたのだったし、女性解放が「女と男の関係の解放」をいみするのでなければ私にとって何の意味もないことは、はっきりしていた。そのいみで私は人間の、そして女であることを——希望と絶望を含めて——まだあきらめていない。恋愛と性の問題は、だから私にとってつねに立ちかえるべき原点になっている。

第Ⅱ部には、主婦と母性についての思索をおさめた。第4章は、すでに勁草書房から刊行された『主婦論争を読む』の第Ⅱ巻解説と同じものである。この論文は、その補論である第5章を含めて、私の家族論、再生産論、さらには解放戦略についての出発点となるもので、本論を欠いては私のフェミニズム論の骨格が成り立たないため、重複を承知で再収録した。異例な取扱いを了承して下さった勁草書房には感謝している。またすでに本論文を読まれた読者の方には申し訳ないが、この論文がどういうコンテクストのもとに書かれたかを了解していただけることだろう。

第4章を再収録するにあたって、私は何人かの読者の方と、もっとやさしいことばで書き直すという約束をした。というのは、学生とのセミナーや主婦の方たちとの講座で『主婦論争を読む』Ⅰ・Ⅱをテクストに使ってみた結果、私の解説論文がもっとも難解で読みづらいという悪評をいただいたからである。今ならば私は、同じことをもう少しべつの文体で言いあらわすことができただろう。この論文は、当時生まれたての『女性学年報』第一号に掲載され、まだ面識のなかった勁草書房の編集者、町田民世子さんとの出会いを作ってくれた記念すべき「処女作」である。「難解」だと批判される私の文体の中には、言いたいことを伝えたい私のもどかしさや心せく思いがある。リライトの約束は、結局時間的な制約で果たせなかった。約束をした方たちには申し訳ないが、私の思索がこういう文体から出発したのだということを記憶にとどめておいていただくよすがにはなるだろう。

第Ⅲ部には家族論を収録した。私は一度も家族の解体を支持したことはないし、また家族の解体を客観的に予見したこともない。そのために私は一部のラディカルなフェミニストから「保守反動」と見なされているくらいである。こうやって読み返してみると、逆に私があきれるくらい同じ歌をくり返してうたっていることがよくわかる——私は「共同体」がきらいだが、その逆の「自立した個人」というワナにもはまりたくないのである。

第Ⅳ部には、解放の戦略やイメージを論じたものをおさめた。それをつうじて、私は認識が規範的な営為であることを発見していったように思う。それはアカデミズムの中の社会科学が忘れた新鮮な視角だった。

どの論文を書いた時にも、私には私じしんと私が置かれた社会についてのスリリングな発見があった。私は私の中の「女ことば」に場所を与え、表現を与え、それを解放していった。それは大へん個人的な認識のプロセスであったけれども、それが時代の歩みと重なるような地点にいたことを幸運に思う。そしてそれが、読者のあなたが自分を発見し表現していくための手助けになれば、と思う。

最後に、どの論文も、私と経験を共有し、私の感じ方を支持し、私の表現を励ます仲間たちの存在がなければ生まれることはなかった。私と共同研究を共にし、忍耐強く議論につきあい、苦労の多い雑誌づくりやシンポジウムの企画に奔走してくれた日本女性学研究会の仲間たちに、心から感謝を捧げたい。またしりごみする私を強く慫慂して、一つ一つの論文を書く機会を与えて下さった編集者の一人ひとりにもお礼を申し上げたい。ことに勁草書房の町田民世子さんは、八一年の出会い以来、私じしんをも巻きこんだフェミニズム論の急展開の仕掛人として、精力的な働きをつづけてきた。本書は五年間にわたる彼女の叱咤と激励の産物である。

一九八六年一〇月

上野　千鶴子

初出一覧

1　対幻想論　『思想の科学』1982年１月号，思想の科学社
2　〈外〉の性　『現代思想』1982年11月号，青土社
3　性の病理学　『現代詩手帖』1984年２月号，思潮社
4　主婦論争を解読する　『女性学年報』第１号，1980年，日本女性学研究会：上野千鶴子編『主婦論争を読む』Ⅱ，1982年，勁草書房，解説
5　〈主婦になる自由〉の罠　原題「『選択の自由』再論——選民化への道と私民化への道」『女性学年報』第２号，1981年，日本女性学研究会
6　個の解放と種の解放　原題「種と個のあいだ」『おいこす・のもす』1979年　日本女性学研究会・経済学分科会
7　産む性・産まない性　『看護学生』第32巻11号，1985年１月，メヂカルフレンド社
8　日本型フェミニズムの可能性　原題「恋愛結婚イデオロギーと母性イデオロギー」『女性学年報』第５号，1984年11月，日本女性学研究会
9　近代家族の解体と再編　原題「家族の前近代・近代・脱近代——核家族の孤立をどう脱け出すか」『世界』1985年８月号，岩波書店
10　家族の空想社会科学　原題「空想のレスボスまたはおんなのS·S·F」『ラ・メール』1985年１月号（冬号），思潮社
11　国家という分配ゲーム　『思想の科学』1982年６月号，思想の科学社
12　家族の中の企業社会　『思想の科学』1984年１月号，思想の科学社
13　おんな並みでどこが悪い　『婦人公論』1985年４月号，中央公論社
14　女のかしこさ　原題「女のかしこさ　男のかしこさ」木下富雄監修『現代かしこさ考』別冊発達２，1984年，ミネルヴァ書房
15　女にとっての性の解放　原題「女性にとって『性の解放』とは何か」ジュリスト増刊総合特集39号『女性の現在と未来』1985年，有斐閣

著者略歴
1948年　富山県に生まれる
1977年　京都大学大学院文学研究科博士課程修了
現　在　東京大学大学院人文社会系研究科教授
主　書　『女は世界を救えるか』（1986，勁草書房）
『女遊び』（1988，学陽書房）
『家父長制と資本制』（1989，岩波書店）
『ナショナリズムとジェンダー』（1993，青土社）
『差異の政治学』（1996，岩波書店）
『生き延びるための思想』（2005，岩波書店）ほか
編　著　『構築主義とは何か』（2001，勁草書房）
『主婦論争を読むⅠ・Ⅱ』（1982，勁草書房）ほか

女という快楽　新装版

1986年11月30日　第1版第1刷発行
2006年7月20日　新装版第1刷発行

著者　上《うえ》野《の》千《ち》鶴《づ》子《こ》
発行者　井村寿人
発行所　株式会社　勁《けい》草《そう》書房
112-0005　東京都文京区水道2-1-1　振替　00150-2-175253
（編集）電話　03-3815-5277／FAX 03-3814-6968
（営業）電話　03-3814-6861／FAX 03-3814-6854
本文組版　プログレス・理想社・青木製本

ISBN4-326-65317-5　Printed in Japan

上野千鶴子	女は世界を救えるか	四六判　二四一五円
上野千鶴子	構造主義の冒険	四六判　二六二五円
上野千鶴子編	主婦論争を読むⅠ・Ⅱ	四六判　Ⅰ三〇四五円 Ⅱ三九九〇円
上野千鶴子編	脱アイデンティティ	四六判　二六二五円
上野千鶴子編	構築主義とは何か	四六判　二九四〇円
上野千鶴子	接近遭遇〈対談集〉	四六判　一九九五円
江原由美子編	フェミニズムの主張	四六判　二八三五円
江原由美子編	性の商品化 フェミニズムの主張2	四六判　三一五〇円
江原由美子編	生殖技術とジェンダー フェミニズムの主張3	四六判　三七八〇円
江原由美子編	性・暴力・ネーション フェミニズムの主張4	四六判　三五七〇円
江原由美子編	フェミニズムとリベラリズム フェミニズムの主張5	四六判　二八三五円
赤川　学	セクシュアリティの歴史社会学	A5判　五二五〇円
加藤秀一・坂本佳鶴恵・瀬地山角編	フェミニズム・コレクション 全3巻	四六判各三三六〇円

＊表示価格は二〇〇六年七月現在。消費税は含まれております。